Bäume, Wälder und Alleen

in Mecklenburg-Vorpommern

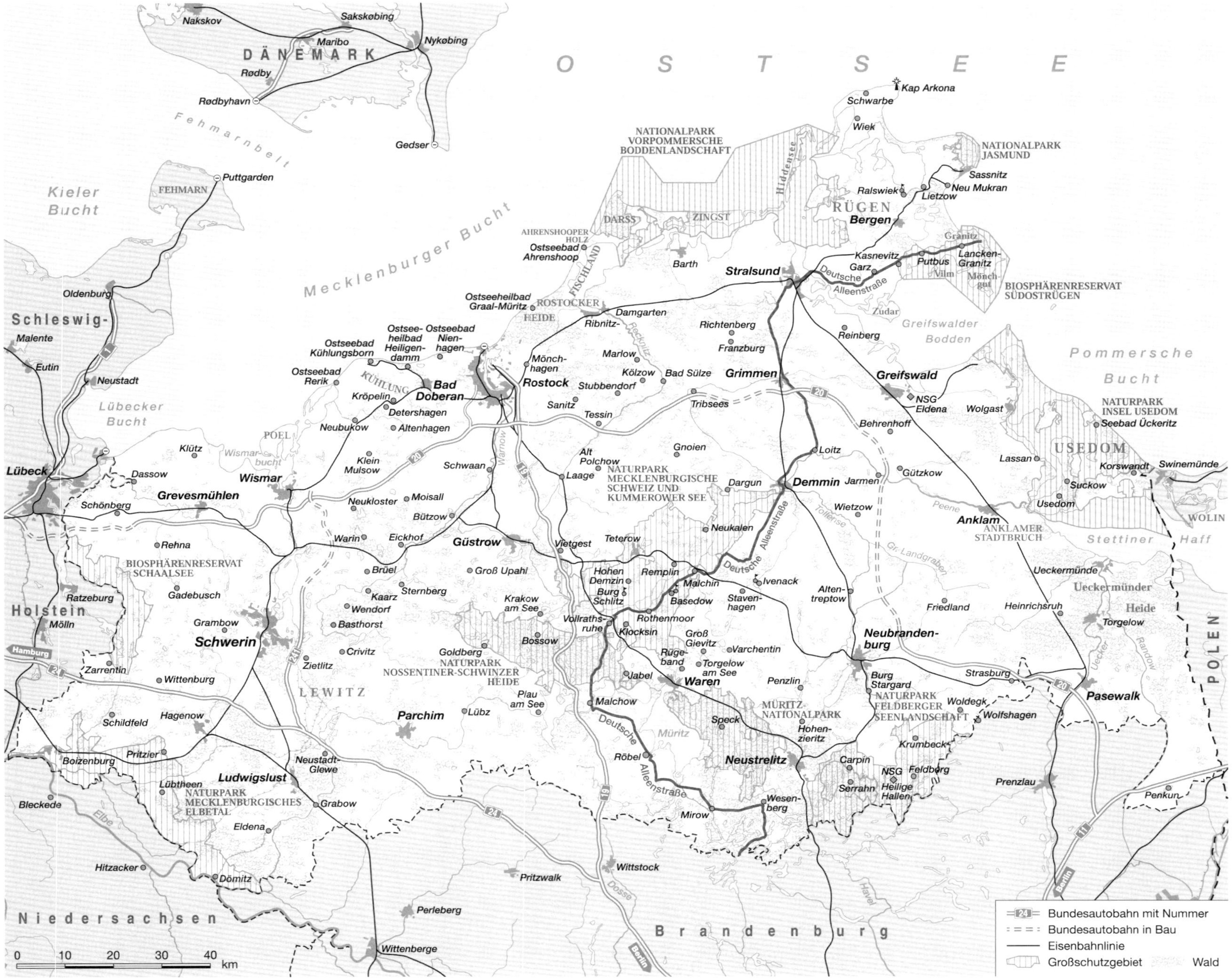

O S T S E E
DÄNEMARK
Nakskov
Sakskøbing
Maribo
Nykøbing
Rødby
Rødbyhavn
Gedser
Fehmarnbelt
Kieler Bucht
FEHMARN
Puttgarden
Mecklenburger Bucht
Oldenburg
Schleswig-
Holstein
Malente
Eutin
Neustadt
Lübecker Bucht
Lübeck
Dassow
Klütz
POEL
Wismar-bucht
Wismar
Grevesmühlen
Schönberg
Rehna
BIOSPHÄRENRESERVAT SCHAALSEE
Ratzeburg
Gadebusch
Mölln
Grambow
Schwerin
Hamburg
Zarrentin
Wittenburg
Hagenow
Schildfeld
Boizenburg
Pritzier
Lübtheen
NATURPARK MECKLENBURGISCHES ELBETAL
Ludwigslust
Neustadt-Glewe
Grabow
Eldena
Bleckede
Hitzacker
Dömitz
Niedersachsen
Elbe
Wittenberge
Perleberg
Pritzwalk
Wittstock
Brandenburg
Dosse
Berlin
Ostseebad Kühlungsborn
Ostseebad Rerik
KÜHLUNG
Ostsee-heilbad Heiligen-damm
Ostseebad Nien-hagen
Bad Doberan
Kröpelin
Detershagen
Neubukow
Altenhagen
Klein Mulsow
Neukloster
Moisall
Bützow
Schwaan
Warnow
Warin
Eickhof
Güstrow
Brüel
Groß Upahl
Sternberg
Kaarz
Wendorf
Basthorst
Crivitz
Zietlitz
LEWITZ
Goldberg
NATURPARK NOSSENTINER-SCHWINZER HEIDE
Krakow am See
Bossow
Plau am See
Lübz
Parchim
Ostseeheilbad Graal-Müritz
ROSTOCKER HEIDE
Mönch-hagen
Rostock
AHRENSHOOPER HOLZ
Ostseebad Ahrenshoop
FISCHLAND
DARSS
ZINGST
NATIONALPARK VORPOMMERSCHE BODDENLANDSCHAFT
Hiddensee
Barth
Damgarten
Ribnitz-
Recknitz
Marlow
Kölzow
Bad Sülze
Stubbendorf
Sanitz
Tessin
Tribsees
Alt Polchow
Laage
NATURPARK MECKLENBURGISCHE SCHWEIZ UND KUMMEROWER SEE
Gnoien
Dargun
Vietgest
Teterow
Neukalen
Hohen Demzin
Burg Schlitz
Remplin
Malchin
Basedow
Ivenack
Stavenhagen
Vollrathsruhe
Rothenmoor
Klocksin
Groß Gievitz
Varchentin
Rügeband
Torgelow am See
Jabel
Waren
Malchow
Penzlin
Speck
MÜRITZ-NATIONALPARK
Müritz
Hohen-zieritz
Röbel
Neustrelitz
Deutsche Alleenstraße
Mirow
Wesen-berg
Carpin
Serrahn
NSG Heilige Hallen
Feldberg
Krumbeck
NATURPARK FELDBERGER SEENLANDSCHAFT
Woldegk
Wolfshagen
Burg Stargard
Neubranden-burg
Strasburg
Friedland
Alten-treptow
Havel
Schwarbe
Kap Arkona
Wiek
NATIONALPARK JASMUND
Sassnitz
Neu Mukran
Ralswiek
Lietzow
RÜGEN
Bergen
Granitz
Kasnevitz
Garz
Putbus
Lancken-Granitz
Vilm
Mönchgut
BIOSPHÄRENRESERVAT SÜDOSTRÜGEN
Stralsund
Zudar
Greifswalder Bodden
Richtenberg
Franzburg
Grimmen
Reinberg
Greifswald
NSG Eldena
Wolgast
Pommersche Bucht
NATURPARK INSEL USEDOM
Seebad Ückeritz
USEDOM
Behrenhoff
Loitz
Demmin
Jarmen
Gützkow
Lassan
Korswandt
Swinemünde
Suckow
Usedom
WOLIN
Wietzow
Peene
Tollense
Anklam
ANKLAMER STADTBRUCH
Stettiner Haff
Gr. Landgraben
Ueckermünde
Ueckermünder Heide
Heinrichsruh
Torgelow
Uecker
Randow
Pasewalk
Prenzlau
Penkun
POLEN
Bundesautobahn mit Nummer
Bundesautobahn in Bau
Eisenbahnlinie
Großschutzgebiet
Wald
0 10 20 30 40 km

Bäume, Wälder und Alleen

in Mecklenburg-Vorpommern

mit Fotos von Thomas Grundner
und einem Text von Hans Dieter Knapp

HINSTORFF

Verlag und Autoren garantieren, dass es sich bei den Fotografien in diesem Buch um Originalaufnahmen handelt, die nicht digital verändert wurden. Thomas Grundner fotografiert hauptsächlich mit Filmen der Marke Fuji.

Titelbild: Kastanienallee in Putbus
Rücktitel: Eiche am Röthelberg
Vorsatz: Süntelbuchen im Waldpark Semper

Karte: nordland Kartenverlag GmbH Schwerin + Hannover

Bibliographische Information Der Deutschen Bibliothek:
Die Deutsche Bibliothek verzeichnet diese Publikation in der Deutschen Nationalbibliographie; detaillierte bibliographische Daten sind im Internet über http//dnb.ddb.de abrufbar.

Lagerstraße 7, 18055 Rostock
Tel. 03 81 / 49 69 - 0
Internet: http://www.hinstorff.de

1. Auflage 2004

Lektorat: Thomas Gallien
Herstellung: Hinstorff Verlag GmbH
Druck und Bindung: Neumann & Nürnberger, Leipzig
Printed in Germany
ISBN 3-356-01030-1

GELEITWORT

Der Wald als Landschaftsform bedeckt heute rund ein Drittel der gesamten Fläche Deutschlands, trotz dichter Besiedlung, Industrialisierung, Straßenbau oder kriegsbedingter Gebietsverluste. Dieser uns verbliebene Waldreichtum ist faszinierend und erfreulich zugleich. Wir verwalten mit ihm einen unermesslichen Schatz nicht nur für unsere ökologische Zukunft, sondern ebenso für den Erhalt und die Fortentwicklung der Kultur unseres Landes. Diese ist von alters her in einer sehr speziellen Weise durch den Wald geprägt.

Wenn wir heute als Spaziergänger unsere Wälder neu erwandern und unter ihrem schützenden Dach eine besondere Geborgenheit spüren, ist es immer noch die tief verwurzelte Liebe, die uns in diese geheimnisvolle Landschaft führt, um darin zu atmen, zu schauen, zu hören oder nachzudenken: »Ich ging im Walde so für mich hin …«

Erinnerungen an Märchen und Mythen, die im Walde angesiedelt sind und sich aus dem Wald heraus entwickelt haben, so wie unsere Dörfer und Städte einst aus ihm entstanden sind, werden lebendig und gegenwärtig. Sie ergreifen uns tiefer als die unbestreitbar lebensnotwendige, vielen Zwängen ausgesetzte Welt von Forstwirtschaft, Siedlungsplanung, Ökologie und sogar Naturschutz – sofern wir uns einen Rest von Erlebnisfähigkeit, von Phantasie und von Verständnis für das Dasein bewahrt haben.

Im Wald vereinigen sich Licht und Finsternis zu einem eigenen rätselhaften Wechselspiel. Wir erinnern uns an den Schöpfungsmythos unserer heidnischen Vorfahren, die Frau, die aus der Esche gemacht ist, oder den Mann, der aus der Ulme geschaffen wurde, oder an die Weltenesche Yggsdrasil, den schönsten und heiligsten aller Bäume, der die Welt trägt, weil sich seine Zweige über Himmel und Erde ausbreiten, mit dem Wasser des Urwerdens und dem Quell des Schicksals an seiner Wurzel.

Unsere Grundvorstellung des Lebens als Entwicklungsprozess und Kreislauf, in dem das Werden und Vergehen ihre ewige Wiederkehr des Gleichen feiern, stammt wie das Entwicklungsdenken überhaupt vorwiegend aus dem Wald. Sie findet schließlich ihren Niederschlag in dem uralten Symbol des Lebensbaumes, das sich als Motiv in unzähligen Ausprägungen über die Jahrhunderte hinweg in Kunst und Kultur erhalten hat. Hierzu gehört auch in späterer Ausprägung das Symbol des Stammbaums, aus dessen Zweigen sich Familien und Geschlechter herleiten.

Zum unnachahmlichen Charakter Mecklenburg-Vorpommerns gehören auf herausragende Weise die Bäume, Wälder und Alleen. Hans Dieter Knapp, einer der Initiatoren unseres europaweit angesehenen Nationalparkprogramms und Direktor und Professor der Internationalen Naturschutzakademie Insel Vilm, und Thomas Grundner, einer der herausragenden Naturfotografen Deutschlands, haben sich zusammengetan, um diese Waldwelt im vorliegenden Textbildband erlebbar zu machen.

Wissenschaftlich fundiert und zugleich gut lesbar widmet sich Knapp im einleitenden Essay der Geschichte der Bäume und Wälder in Mecklenburg-Vorpommern: von der heute an manchen Orten noch zu erlebenden Wildnis bis hin zu Alleen und Parks. Thomas Grundner wiederum lässt das Wort zum Bild werden. In stimmungsvollen Aufnahmen hält er Windflüchter und Küstenwälder fest, zeigt den »Urwald« auf der Insel Vilm, die über Hügel gelegten Wälder in der Mecklenburgischen Schweiz, Baumriesen wie die Ivenacker Eichen, Alleen auf der Insel Rügen oder Parkanlagen wie in Burg Schlitz und Putbus – kurz die Vielfalt einer Region, die zu den schönsten Europas zählt.

Ob vom Bild zum Wort oder vom Wort zum Bild: viele Wege führen zum Wald und in den Wald hinein. Als gemeinsamer Nenner dieser Wegevielfalt gilt immer noch das alte Sprichwort

Tenet arborem radix.
Die Wurzel trägt den Baum.

Christian Heise — Rostock, im Februar 2004

Alte Linde an der Kirche in Reinberg

LAND DER BÄUME, WÄLDER UND ALLEEN

Auf welchem Wege man sich Mecklenburg-Vorpommern auch nähert, man gewinnt den Eindruck, in ein Land zu kommen, das von Bäumen, Wäldern und Alleen geprägt wird. Die alten Landstraßen, die aus dem Holsteinischen und Brandenburgischen nach Mecklenburg und nach Vorpommern führen, sind von prächtigen Bäumen gesäumt, die Eisenbahnstrecken von Berlin an die Küste führen durch ausgedehnte Waldgebiete. Wer auf der alten Königslinie von Schweden her nach Deutschland kommt, den grüßen die mit Buchenwald bedeckten Kreideberge der rügenschen Halbinsel Jasmund bereits von See her. Und nahe der Autobahn von Hamburg nach Schwerin lädt mit dem Schlossgarten von Ludwigslust eine beeindruckende Parkanlage dazu ein, Ruhe zu finden.

Mecklenburg-Vorpommern ist von Natur aus ein Waldland. Bis auf die Meeresküsten, Moore und Seen wäre das gesamte Land mit Wäldern bedeckt, wenn nicht der Mensch es in über 5000 Jahren Siedlungsgeschichte zur Kulturlandschaft gewandelt hätte. Unter den gegenwärtigen Klimabedingungen würde die Rotbuche im natürlichen Waldkleid der absolut vorherrschende Baum sein. Über 30 Baumarten zählt die heimische Flora. Hinzu kommen zahlreiche vom Menschen eingeführte und eingebürgerte Gehölze, die in anderen Erdgegenden beheimatet sind.

Trotzdem gehört Mecklenburg-Vorpommern heute zu den waldärmsten Bundesländern. Mit 21,5 Prozent Waldanteil liegt es deutlich unter dem Durchschnitt in Deutschland (29,5 Prozent). Nur Schleswig-Holstein ist noch weniger von Wald bedeckt. Dennoch wird kaum ein Land in seinem Charakter so stark von Bäumen, Wäldern und Alleen geprägt wie Mecklenburg-Vorpommern.

Die Eigenart der Wälder, die Individualität der Baumgestalten, die Schönheit von Alleen und Baumgruppen bestimmen das Wesen der abwechslungsreichen und vielgestaltigen Kulturlandschaft im Nordosten Deutschlands. Mecklenburg gilt als das Land alter Eichen und Buchen und auch der vorpommersche Landesteil ist für markante Baumriesen sowie urwaldartige Waldungen bekannt.

Die Ivenacker Eichen unweit der Reuterstadt Stavenhagen zählen zu den ältesten und stärksten Bäumen Europas. Die gewaltigste von ihnen misst 12 Meter im Umfang und 25 Meter in der Höhe, sie ist 1200 Jahre alt. Ein wahrhaftes Naturdenkmal von europäischem Rang! Die 1000-jährige Linde auf dem Kirchhof von Reinberg zwischen Greifswald und Stralsund wurde schon vor über 200 Jahren von Wilhelm

Flächennutzung in Mecklenburg-Vorpommern und in Deutschland

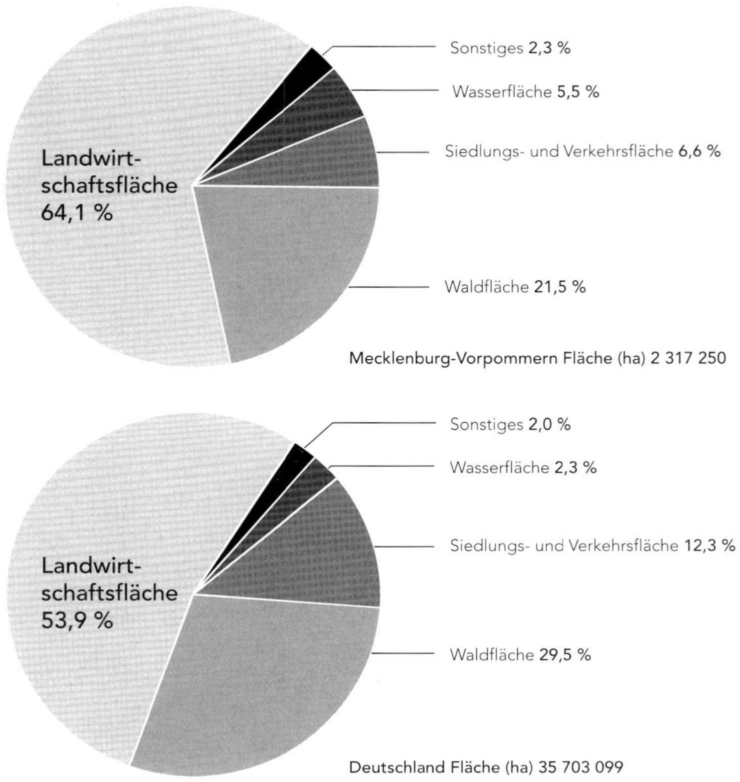

von Humboldt auf seiner Reise nach Rügen bewundert. So sind einzelne Bäume Zeugen der tausendjährigen Historie von Mecklenburg und Pommern, älter als Urkunden und älter als die Bauwerke der neuzeitlichen Landesgeschichte.

Der »Urwald« auf der Insel Vilm hat Generationen von Malern, Zeichnern und Fotografen unerschöpfliche Motive märchenhaft anmutender Bilder geboten. Er ist zwar kein Urwald im strengen Sinne, konnte sich jedoch seit Urzeiten frei von forstlicher Formung entwickeln. Die »Heiligen Hallen« bei Feldberg verdanken ihren Namen Buchen, »wie sie«, so Carl Arndt 1882, »wohl kaum majestätischer gefunden werden können, weshalb der hochselige Großherzog Georg [von Mecklenburg-Strelitz] sie für alle Zeiten zu schonen verordnete«. Auch der »Darßer Urwald« zählt zu den alten, nie gerodeten Wäldern des Landes. Er ist mittlerweile Teil des Nationalparks Vorpommersche Boddenlandschaft und kann deshalb als einer der »Urwälder von morgen« angesehen werden.

Neben Wäldern und einzelnen Bäume prägen Baumgruppen auf bronzezeitlichen Hügelgräbern, Feldgehölze an Böschungen und auf Geländeerhebungen sowie Kopfweiden an Söllen und Bachufern wesentlich die Kulturlandschaft von Mecklenburg-Vorpommern, verleihen dem Land seinen ganz eigenen Reiz.

Auch die Parkanlagen zahlreicher ländlicher Schlösser, Gutshöfe und Pfarrhäuser bergen dendrologische Kostbarkeiten und bizarre Baumgestalten. Alleen verbinden Orte und gliedern die Landschaft. Parke und Alleen sind das Werk bewusster Gestaltung, sind Natur- und Kulturerbe zugleich.

Bäume weisen einen engen Bezug zur Kulturhistorie des Landes auf, sie sind deren Teil. Nicht nur durch mannigfachen praktischen Nutzen als Fruchtbaum, Schattenspender, Lieferant unterschiedlicher Hölzer für verschiedene Gewerke sind sie eng mit der Wirtschaftsgeschichte verbunden, vielmehr spielen sie auch eine wichtige Rolle in Märchen, Legenden und Erzählungen. So wird über den Ursprung der Müritz berichtet, sie sei aus einer gewaltigen Quelle hervorgegangen, die sich aufgetan und das umliegende Land überflutet habe, nachdem Holzfäller aus fremdem Lande uralte Bäume, die von den Bewohnern als heilig verehrt wurden, gefällt hätten. Verehrung spricht auch aus dem jahrhundertelang gepflegten Brauch des Pflanzens von Hochzeitsbäumen, durch den der prächtige Baumbestand auf den Wallanlagen von Neubrandenburg entstanden sein soll.

Und Bäume waren und sind bis heute immer wieder Gegenstand künstlerischer Auseinandersetzung. Bäume schmücken die allegorischen Rügenlandschaften auf den frühen Wandtapeten von Jacob Philipp Hackert, die um 1762 in Boldevitz entstanden. Die Eichen auf Gemälden von Caspar David Friedrich sind weltberühmt. Ihre Urbilder fand Friedrich auf dem Neubrandenburger Stadtwall, wo er 1809 Baumstudien vor der Natur betrieb. Sein jüngerer Freund Carl Gustav Carus schuf aus der Erinnerung an einen Besuch der Insel Vilm im Jahre 1819 das Gemälde »Eichen am Meer« (1835) und philosophierte in seinen Lebenserinnerungen über Bäume als Metapher menschlichen Daseins.

Das hier vorliegende Buch soll dem Betrachter die eindrucksvolle Schönheit und Würde von Bäumen, Wäldern und Alleen in Mecklenburg-Vorpommern nahe bringen, soll einladen, Bäume im Wechsel ihres Blätterkleides durch Frühling, Sommer, Herbst und Winter zu begleiten und die mit den Jahreszeiten sich ändernden Stimmungen von Wäldern zu empfinden. Und es soll Wissenswertes über Bäume und Wälder vermitteln, zu verantwortlichem Umgang mit ihnen motivieren.

WÄLDER UND FORSTEN

»Der Wald prägt in Mecklenburg-Vorpommern die Landschaft und gehört zu den Naturreichtümern des Landes. Er ist unverzichtbare natürliche Lebensgrundlage der Menschen und Lebensraum für Pflanzen und Tiere«, heißt es im ersten Paragraphen des Landeswaldgesetzes von Mecklenburg-Vorpommern. Wenig später ist aber zugleich von Forstbehörden, forstlicher Rahmenplanung, Forstwirtschaft, Wiederaufforstung, Forsteinrichtung, Forstbericht, Forstbeirat und Forstaufsicht die Rede. Sind Wald und Forst dasselbe, oder gibt es Unterschiede?

Ja, es gibt sie. Sehr einfach und etwas provokativ gesagt: Wälder wachsen von Natur aus – Forsten sind vom Förster gepflanzt. Wälder können ganz ohne den Menschen existieren – Forsten brauchen den Förster, werden gepflegt, verwaltet, regelmäßig nach Holzvorrat, Wertzuwachs, Gesundheitszustand erfasst. In Wäldern sind die Bäume scheinbar regellos verteilt – in Forsten stehen sie meistens in Reih und Glied. Wälder wirken auf manche Menschen unordentlich – in Forsten herrscht Ordnung.

Ganz so einfach und klar ist die Unterscheidung allerdings nicht, und oft werden beide Begriffe undifferenziert miteinander vermischt.

»Wald« ist ein umgangssprachlicher Begriff, der ein naturwissenschaftliches Phänomen bezeichnet, nämlich eine Pflanzenformation, deren Struktur von wildwachsenden, hochwüchsigen Holzpflanzen (»Bäumen«) bestimmt wird. Wie es der Volksmund sagt – »manch einer sieht den Wald vor lauter Bäumen nicht«.

»Wald« ist aber auch ein juristischer Begriff, der durch das »Gesetz zur Erhaltung des Waldes und zur Förderung der Forstwirtschaft (Bundeswaldgesetz)« definiert wird. In § 2 heißt es: »Wald [...] ist jede mit Forstpflanzen bestockte Grundfläche. Als Wald gelten auch kahlgeschlagene oder verlichtete Grundflächen, Waldwege, Waldeinteilungs- und Sicherungsstreifen, Waldblößen und Lichtungen, Waldwiesen, Wildäsungsplätze, Holzlagerplätze sowie weitere mit dem Wald verbundene und ihm dienende Flächen.« Auch das Landeswaldgesetz unterscheidet also nicht zwischen Wald und Forst, sondern definiert »Wald« in sehr umfassendem Sinne und schließt »Forst« mit ein.

Wälder sind in ihrer Struktur und in den vorherrschenden Baumarten vom Klima abhängig. Sie haben einen ausgeprägt eigenen Charakter, spiegeln die Besonderheiten ihres Standortes und ihrer Entwicklungsgeschichte wider. Wie bereits gesagt, würden unter den heutigen Klimabedingungen Mecklenburg-Vorpommerns nahezu im gesamten Land Buchenwälder vorherrschen. Gegenwärtig nimmt die Buche jedoch nur 12 Prozent der Waldfläche des Landes ein. Wald ist also nicht gleich Wald, sondern vielfältig und differenziert in Artenzusammensetzung und Struktur. Entscheidend ist dabei, dass die Bäume nicht von Menschenhand gepflanzt, sie aus Naturverjüngung aufgewachsen sind.

Ganz anders im Forst. Als »Forst« wird ein abgegrenzter Wald bezeichnet, der zu regelmäßigem Betrieb »eingerichtet« ist. Hier sind die Bäume vom Menschen gesetzt, meist gleichaltrig, in regelmäßigen Abständen und oft in Monokultur, bewirtschaftet als so genannter Altersklassenwald. Dies heißt, dass man ganze Flächen gleichzeitig mit Bäumen bepflanzt, sie großzieht, ehe es zum Kahlschlag kommt. Bäume unterschiedlichen Alters werden also nicht vermischt. »Forst« ist ebenfalls ein umgangssprachlicher Begriff, dabei aber wirtschaftsgeschichtlich beziehungsweise rechtshistorisch definiert, indem das Wort ursprünglich den »befriedeten, gebannten Wald« bezeichnete, der der allgemeinen Benutzung, insbesondere der Viehweide (Allmende) entzogen war und vom König beziehungsweise Landesherren beansprucht wurde. Der Begriff geht zurück auf die karolingische Zeit und soll vom lateinischen »foris« (= draußen, außerhalb) abgeleitet sein.

In Mecklenburg-Vorpommern sind fast alle Wälder forstlich bewirtschaftet, ein großer Teil ist aus künstlichen Bestandsgründungen hervorgegangen und unschwer als »Forst« erkennbar. Darin dominieren heute Nadelbäume, die etwa 59 Prozent der Waldfläche des Landes einnehmen. Allein die Kiefer prägt mit einem Anteil von 44 Prozent ganze Landstriche. Die Fichte nimmt immerhin 9 Prozent ein, 3,5 Prozent der Waldfläche sind mit Lärchen bestockt und auf weiteren 2,5 Prozent wachsen Douglasie, Tanne und Sitka-Fichte.

Nach der Art des Eigentums werden nach dem Waldgesetz Staatswald (im Eigentum der Bundesländer und der Bundesrepublik Deutschland), Körperschaftswald (im Eigentum von Gemeinden, Landkreisen und Körperschaften öffentlichen Rechtes) und Privatwald unterschieden. »Der Staatswald hat dem Gemeinwohl im besonderen Maße zu dienen«, heißt es im Landeswaldgesetz. Wenn in diesem Buch von Wald und Wäldern die Rede ist, sind Wälder im oben genannten naturwissenschaftlichen Sinne gemeint.

WÄLDER IM WANDEL DES KLIMAS

Seit etwa 10 000 Jahren – ein erdgeschichtlich kurzer Zeitraum – gibt es ohne Unterbrechung Wälder in Mitteleuropa. Zwar war Europa schon vor dem Eiszeitalter weithin von so genannten arktotertiären Wäldern bedeckt, die über die Kontinente der Nordhalbkugel verbreitet waren. Diese wurden aber durch die wiederholte Ausbreitung ungeheurer Gletschermassen über große Teile Nord-Eurasiens und Nordamerikas und die damit verbundenen Klimaänderungen im Eiszeitalter (Pleistozän) vernichtet.

Während in Nordamerika und in Ostasien die meisten Baumarten und Krautpflanzen der arktotertiären Wälder in südlich gelegenen Überdauerungsgebieten die Eiszeiten überleben und sich in den Warmzeiten wieder ausbreiten konnten, haben in Europa manche Baumarten die wiederholten Wanderungen nicht überstanden. So ist die europäische Laubwaldflora weitaus artenärmer als die nordamerikanische und ostasiatische.

Die bedeutendsten Überdauerungsgebiete für sommergrüne Laubwälder in Europa beziehungsweise Vorderasien liegen in der Kolchis am Ostrand des Schwarzen Meeres und in Hyrkanien, wie die alten Griechen den Landstrich am Südrand des Kaspischen Meeres nannten. Hier gedeihen heute noch die artenreichsten, üppigsten und großartigsten Laubwälder im gesamten westlichen Eurasien. Sie sind gewissermaßen eine »Wiege« der jüngeren und artenärmeren europäischen Laubwälder.

Die für die nacheiszeitliche (postglaziale) Wiederbewaldung Mitteleuropas wichtigsten Überdauerungsgebiete haben im südlichen Apennin und auf der Balkan-Halbinsel gelegen. Hier konnte Wald an klimatisch begünstigten Standorten in geschützter Lage die Kaltzeiten überleben und sich mit Erwärmung des Klimas von dort wieder ausbreiten.

Das heutige Mecklenburg-Vorpommern war noch vor 16 000 Jahren zu weiten Teilen kilometerdick mit Gletschereis bedeckt. Südlich der Gletscherfront, die während des »Pommerschen Stadiums« die Moränenhügel am Nordrand des Mecklenburgischen Landrückens ablagerte und aufstauchte, dehnte sich baumfreie Tundra. Lediglich Sanddorn und winzige Zwergsträucher wie Silberwurz, Bärentraube, Sonnenröschen konnten neben Wermut und anspruchslosen Kräutern, Gräsern, Riedgräsern, Moosen und Flechten in dem unwirtlichen Klima der Ältesten Tundrenzeit überleben. Bäume oder gar Wälder hatten keine Chance.

Nachdem vor ungefähr 13 000 Jahren die letzten Gletschervorstöße in Mitteleuropa das bewegte Relief der ost-rügenschen Moränenlandschaft geformt hatten, gelangten Birke und Kiefer als erste Bäume in unser Gebiet, wurden aber während erneuter Abkühlung in der Älteren Tundrenzeit wieder von offener Tundra verdrängt. Während der 800 Jahre dauernden so genannten Alleröd-Wärmeschwankung konnten sowohl die Birke als auch die Kiefer aufgrund ihrer Anspruchslosigkeit in Bezug auf Wärme und dank ihrer zahlreichen, leichten und vom Wind verbreiteten Samen die spätglaziale Tundra erobern und damit die ersten Wälder im Gebiet des heutigen Mecklenburg-Vorpommern bilden.

Zwar wurden diese mit erneuter Abkühlung während der Jüngeren Tundrenzeit nochmals zurückgedrängt – für einige Jahrhunderte bildete Krähenbeeren-Zwergstrauchtundra mit niedrigwüchsigem Wacholder die vorherrschende Pflanzenformation –, dann aber war der Siegeszug des Waldes nicht mehr aufzuhalten.

Nacheiszeitliche Waldentwicklung und Perioden der Siedlungsgeschichte

Jahre vor heute	Phase	Vorherrschende natürliche Vegetation	Periode der Siedlungsgeschichte	Jahre vor heute
1 000	**Jüngere Nachwärmezeit** (Subatlantikum)	Buchenwald – Kulturlandschaft Kulturlandschaft **Buchenwald** – Rodungsperioden	Neuzeit (Hoch)-Mittelalter **Slawenzeit**	1 000
2 000	**Ältere Nachwärmezeit** (Subatlantikum)	Waldausbreitung Kulturlandschaft **Buchenwald** Massenausbreitung der Buche	Völkerwanderungszeit **Eisenzeit**	2 000
3 000 4 000 5 000	**Späte Wärmezeit** (Subboreal)	Kulturlandschaft Einwanderung von Buche u. Hainbuche **Hasel-Eichen-(Ulmen-Linden)-Wald** Massenausbreitung der Hasel Neolithische Rodungsperiode	**Bronzezeit** Jungsteinzeit **(Neolithikum)**	3 000 4 000 5 000
6 000 7 000	**Hauptwärmezeit** (Atlantikum)	Urwald **Eichen-Ulmen-Lindenwald** Erlen-Eschenwald Erlenbruchwald	Mittelsteinzeit **(Mesolithikum)**	6 000 7 000
8 000 9 000	**Frühe Wärmezeit** (Boreal)	Ausbreitung von Ulme und Linde **Hasel-Kiefern-(Eichen)-Wald** Einwanderung der Erle Massenausbreitung der Hasel		8 000 9 000
10 000	**Vorwärmezeit** (Präboreal)	Einwander. von Hasel, Ulme, Eiche **Birken-Kiefern-(Espen)-Wald**		10 000
11 000	**Jüngere Tundrenzeit**	**Krähenbeeren-Zwergstrauchtundra**	Altsteinzeit **(Paläolithikum)**	11 000
12 000	**Alleröd**	**Birken-Kiefern-Wald**		12 000
	Älteste und **Ältere Tundrenzeit**	**Gräser-Seggen-Wermut-Tundra**		

Als vor etwa 10 000 Jahren die Jüngere Tundrenzeit zu Ende ging, waren es wieder Birke und Kiefer, die infolge der raschen Erwärmung während der nun beginnenden Vorwärmezeit (Präboreal) die kontinuierliche nacheiszeitliche Bewaldung Mitteleuropas einleiteten. Seit jener Zeit ist auch das heutige Mecklenburg-Vorpommern von Natur aus ein Waldland. Den Birken-Kiefernwäldern war regelmäßig die Zitterpappel beigemischt. Nach und nach wanderten auch Hasel, Ulme und Eiche ein, während die Kiefer allmählich Dominanz gegenüber der Birke gewann.

In der vor 9000 Jahren beginnenden Frühen Wärmezeit (Boreal) beherrschten Kiefer und Hasel für anderthalb Jahrtausende das Waldkleid. Ulme und Eiche breiteten sich zunehmend im Hasel-Kiefernwald aus, gegen Ende dieser Periode gesellte sich auch die Linde hinzu.

Vor etwa 7500 Jahren wurden mit der nun anbrechenden Hauptwärmezeit (Atlantikum) Eiche, Ulme und Linde in reich strukturierten, artenreichen und wuchskräftigen Laubmischwäldern vorherrschend. Auch Ahorn konnte sich behaupten, Efeu rankte sich als immergrüne Liane an den Stämmen empor und die Mistel nistete sich als Halbschmarotzer in den Baumkronen ein. Die Kiefer hingegen wurde auf Sonderstandorte wie See- und Moorränder, später auch Steilufer und Küstendünen abgedrängt. An feuchten Standorten breiteten sich Esche und Erle aus, Seeufer wurden von Weidengebüschen gesäumt. Nahezu alle in den eiszeitlichen Refugien überlebenden Gehölzarten waren nun nach Mitteleuropa zurückgekehrt, allein Buche und Hainbuche sollten erst später nach Mecklenburg-Vorpommern vordringen.

In Abhängigkeit von den Standortbedingungen (Lehm, Sand, Kreide; Feuchtigkeit) und vom Entwicklungszyklus (Jugend-, Reife-, Altersphase) änderte sich das Mengenverhältnis der einzelnen Baumarten im Laubmischwald. Während dieser Periode kam es durch den phasenhaften Anstieg des Meeresspiegels zur Herausbildung der Ostsee als junges Brackwassermeer. Damit verbunden war die Auflösung des südbaltischen Festlandes zu Inselgruppen und das Einsetzen ausgeprägter Küstendynamik, die das Bild der vorpommerschen Küste fortwährender Veränderung unterwerfen sollte. Zweieinhalb Jahrtausende herrschte feucht-warmes atlantisches Klima, das im Übrigen auch günstige Lebensbedingungen für die Menschen der Mittleren Steinzeit (Mesolithikum) gewährte. Jäger, Fischer, Sammler lebten von dem, was ihnen die Wald- und Seenlandschaft an Nahrung bot.

Vor etwa 5000 Jahren wurde das Klima kühler, zeitweise trockener, dann auch wieder feuchter. Linde, Ulme und Eiche herrschten auch in den Laubwäldern der Späten Wärmezeit (Subboreal). Doch als jungsteinzeitliche (neolithische) Ackerbauern einwanderten und den Wald zu roden begannen, setzte die Entwicklung von Kulturlandschaften ein. Mit dem Aufkommen der Buche, begleitet von der Hainbuche, kündigte sich ein grundlegender Wandel auch im natürlichen Waldkleid an.

Vor 2700 Jahren, mit dem Übergang von der Bronzezeit zur Vorrömischen Eisenzeit, wurde das Klima spürbar kühler und zugleich feuchter. In der nun anbrechenden Nachwärmezeit (Subatlantikum) setzte sich die Buche allmählich, aber unaufhaltsam durch. Aufgrund der frühgeschichtlichen und mittelalterlichen Rodungen kamen Buchenwälder jedoch nicht mehr flächendeckend zur Entfaltung. Im Küstengebiet und insbesondere auf der Insel Rügen konnten sich Linden-Ulmen-Eichenwälder bis in die Zeit slawischer Besiedlung behaupten. Die Buche trat ihre Herrschaft hier erst im 12. Jahrhundert an, fast 2000 Jahre später als im mecklenburgischen Binnenland.

10 000 Jahre ununterbrochene Waldgeschichte: 1000 Jahre herrschten Birke und Kiefer unter zunächst noch kühlem Klima, die Kiefer weitere 1500 Jahre unter wärmeren Verhältnissen gemeinsam mit der Hasel. Fast 5000 Jahre bestimmten Laubmischwälder aus Eiche, Ulme und Linde unter überwiegend feuchtwarmem Klima das Bild. 2700 Jahre (auf Rügen 800 Jahre) bereits währt die Herrschaft der Buche als Ausdruck abgekühlter, feuchterer Verhältnisse. Erle und Esche bilden seit 7500 Jahren Niederungswälder.

So spiegelt die Pflanzendecke die jeweils herrschenden Klimabedingungen, die Schwankungen und längerfristigen Änderungen des

Klimas mit erstaunlicher Genauigkeit wider – wobei chronologisch abgelagerte Pollen in den Sedimenten von Seen und in den Torfen der Moore Grundlage pollenanalytischer Untersuchungen sind, die Aufschluss über die Wandlungen der Wälder geben.

URWALD UND KULTURLANDSCHAFT

Die Entwicklung der Wälder im Gebiet des heutigen Mecklenburg-Vorpommern vollzog sich nahezu zeitgleich mit der menschlicher Besiedlung in diesem Raum. Zerstreute Einzelfunde von bearbeiteten Geweihstücken belegen, dass hier bereits vor etwa 11 000 Jahren Rentierjäger der Altsteinzeit in der (Wald-)tundra lebten. Sie übten jedoch keinerlei nachwirkenden Einfluss auf die Landschaft aus.

Auch die Jäger, Fischer und Sammler der Mittelsteinzeit, die bis etwa 3000 v. Chr. zerstreut in der gewässerreichen Waldlandschaft lebten, kultivierten ihre Umwelt noch nicht, sondern ernährten sich von dem, was die Natur ihnen bot: Wild und Fisch, Früchte und Beeren, Pilze, Wurzeln und Kräuter. Die Küsten der jungen Ostsee waren bevorzugter Lebensraum der mittelsteinzeitlichen Lietzow-Kultur, die große Mengen bearbeiteter Feuersteine hinterlassen hat.

So blieb das menschliche Eingreifen in die Waldvegetation bis zum Ende der Mittleren Steinzeit auf sehr lokale Holznutzung für Hüttenbau und Feuerung an kleinen und zerstreuten Siedlungsplätzen beschränkt. Ackerbau und Viehzucht waren noch nicht bekannt, allein der Hund begleitete den Menschen auf der Jagd, bei der Suche nach Nahrung. Über fünf Jahrtausende konnte sich der Wald auf ganz natürliche Weise entwickeln, im ewigen Zyklus von Werden und Vergehen, von Keimen und Wachsen, Blühen und Fruchten, Absterben und Vermodern, Baumgeneration für Baumgeneration. So war das gesamte Land vor ungefähr 5000 Jahren mit Urwäldern aus Eiche, Ulme, Ahorn und Linde bedeckt, in feuchten Niederungen herrschten Esche wie auch Erle.

Mit der Einwanderung jungsteinzeitlicher Ackerbauern begann der Mensch die Natur mehr und mehr zu verändern und die natürlichen Gegebenheiten zunehmend zu überformen. Naturlandschaft und Wildnis wurden immer vehementer von Kulturlandschaft verdrängt. Neben dem natürlichen Wandel von Klima, Vegetation und Wasserhaushalt griff fortan ein Faktor immer stärker in den Naturhaushalt ein: der Mensch.

Die ersten Bauern, von Südosten aus dem Donau- und Karpatenraum kommend, ließen sich in siedlungsgünstigen Landschaften Mitteleuropas nieder, so auch in vielen Gegenden des heutigen Mecklenburg-Vorpommern. Sie bauten Häuser aus Holz und Lehm, formten und brannten Ton zu Gefäßen. Nach der markanten Form der Keramik wird die jungsteinzeitliche Kultur im südwestlichen Ostseeraum als Trichterbecherkultur bezeichnet. Die Trichterbecher-Bauern rodeten, bauten Getreide und Hülsenfrüchte an, ließen ihr Vieh im Umkreis der kleinen Siedlungsplätze im Wald weiden. So entstand aus der vormals geschlossenen Waldlandschaft eine zwar noch weithin von Wäldern geprägte, doch mit kleineren und größeren Lichtungen inselartig durchsetzte, parkartig strukturierte, von Menschen besiedelte Kulturlandschaft. Holz war neben Feuerstein der wichtigste Rohstoff der bäuerlichen Wirtschaft. Feuerstein wurde gar gleich dem Bernstein auf frühen Fernhandelswegen bereits bis weit in das Binnenland getauscht.

Pollendiagramme liefern uns heute den Beweis, dass zu dieser Zeit Ulme und Linde stark zurückgedrängt wurden, während die Pollenkurve der Hasel deutlich nach oben weist. Da die Vegetation der halboffenen »Parklandschaft« im Gegensatz zum Wald weniger Wasser verdunstete, setzte in nun feuchteren Senken und Niederungen ein reges Moorwachstum ein – eine im Grunde natürliche Landschaftsform nahm somit infolge des ersten gravierenden Eingriffs des Menschen in den Naturhaushalt an vielen Stellen stark zu.

In dieser Zeit entstanden auch die zahlreichen monumentalen Großsteingräber, die als älteste Bauwerke in Mitteleuropa bis heute landschaftsprägende Denkmale dieser frühen Phase der Kulturlandschaftsentwicklung in Mecklenburg-Vorpommern darstellen.

In der Bronzezeit (ca. 1800 bis 600 v. Chr.) führte die Waldweide zu Waldzerstörung und Ausbreitung von Heiden. In Sanderlandschaften konnte der Wind den nun vom Wald entblößten Sand zu Binnendünen aufwehen. Äcker mussten deshalb aufgegeben werden, wurden von Heide überwachsen und allmählich vom Wald zurückerobert. Zugleich kam seit Ende der Bronzezeit von Süden her mit dem kühler und feuchter werdenden Klima die Buche zur Massenentfaltung.

Die Menschen der Eisenzeit, die in Norddeutschland ungefähr von 600 v.Chr. bis 450 n.Chr. währte, schmolzen erstmals aus heimischem Rasenstein Eisen und schmiedeten es zu Gerätschaften und Waffen. Dafür wurden große Mengen an Holz benötigt.

Während den um 450 n. Chr. einsetzenden Völkerwanderungen zog der größte Teil der im Gebiet von Mecklenburg-Vorpommern siedelnden germanischen Bevölkerung ab. Äcker fielen brach, Siedlungen wurden zu Wüstungen und im Verlauf von etwa zwei Jahrhunderten eroberte der Wald die einst gerodeten Flächen zurück. Pioniergehölze wie Birke, Kiefer, Ahorn und auch Hainbuche leiteten die Wiederbewaldung ein und bereiteten nun auch im gesamten heutigen Nordostdeutschland den Boden für den nachfolgenden Siegeszug der Buche.

Als im 7. Jahrhundert n. Chr. slawische Stämme von Südosten in den fast siedlungsleeren Raum zwischen Oder und Elbe und bis an die Ostsee vordrangen, kamen sie in eine Landschaft aus Resten alter Urwälder und jungen so genannten Sekundärwäldern, die sich auf den Flächen zwischenzeitlich verschwundener (Primär-)wälder ausbreiteten. Die Einwanderer bevorzugten zunächst die schon früher genutzten Altsiedlungsgebiete, drangen aber mit zunehmender Bevölkerung auch in weniger günstige Regionen vor. Im Verlauf von wenigen Jahrhunderten wurde der Wald zur Anlage von Äckern erneut gerodet und durch Viehweide gelichtet. Für die zahlreichen Burgwälle – allein in Mecklenburg-Vorpommern sind über 200 als Erdwälle erhalten – mussten große Mengen Eichenholz zur Palisadenbewehrung gewonnen werden. So war der Wald während der frühmittelalterlichen Slawenzeit bald auf etwa ein Drittel der Fläche des Landes zurückgedrängt.

Unter den zahllosen slawischen Orts- und Flurnamen sind manche, die sich von Bäumen ableiten, so Bukow, Neubukow, Alt Bukow von buk (Buche), Dubnitz, Dubkevitz von dub (Eiche), Grabitz, Grabow von grab (Hainbuche), Jabel, Jabelitz von jablok (Apfelbaum), Liepe, Liepen von lipa (Linde), Thiessow von thiss (Eibe) und Vilm, Vilmnitz von ilm (Ulme).

Nicht erst, wie heute noch weit verbreitete Meinung ist, im Zuge der Christianisierung, sondern schon vorher waren die »Urwälder« weitgehend verschwunden, waren die Strukturen der neuzeitlichen Kulturlandschaft samt der Verteilung von Wald und so genanntem Offenland in den Grundzügen herausgeformt.

Als Ende des 12. Jahrhunderts Zisterziensermönche und deutsche Kolonisten in das Land kamen, gab es kaum noch größere siedlungsfreie Waldgebiete. 1171 gründeten die Zisterzienser das Kloster Althof bei Doberan, ein Jahr später das Kloster Dargun, 1199 Eldena nahe der Mündung des Ryck in den Bodden. Die nach strengen Regeln und dem Grundsatz »bete und arbeite« lebenden Mönche schufen nicht nur großartige Meisterwerke gotischer Backstein-Baukunst, sondern rodeten Wald, entwässerten Sümpfe, stauten Bäche zu Fischteichen, betrieben hochentwickelte Agrikultur und wandelten die noch verbliebenen Reste von Wildnis zu Kulturlandschaft.

Die zumeist aus Westfalen und Niedersachsen stammenden deutschen Kolonisten siedelten sich neben bereits bestehenden slawischen Runddörfern an, zogen aber vor allem in die noch wenig erschlossenen, letzten großen Waldgebiete auf dem Mecklenburger Landrücken und auf den staunassen Grundmoränen in Vorpommern. Eine Vielzahl von »Hagendörfern« gehen auf diese Rodungsperiode zurück, zum Beispiel Kirchgrubenhagen, Marxhagen, Rittermannshagen, Abtshagen, Steinhagen, Hanshagen, Ketelshagen; desgleichen Orts- und

Flurnamen, die von Bäumen abgeleitet sind, etwa Bookshagen, Bookhorst, Eichholz, Eickhof, Ibenhorst, Appelshof, Plummendorf.

Sowohl die slawischstämmige als auch die zugewanderte deutsche Bevölkerung machte sich einerseits den Wald nutzbar, andererseits blieb er für sie auch ein unkultivierter, bedrohlicher Ort, in dem Gnome, Hexen und Zwerge hausten. Während das Verhältnis zum Wald also durchaus zwiespältig war, erfuhren einzelne Bäume besondere Verehrung. Galten den alten Germanen Esche und Eiche als heilig, stand bei den Slawen die Linde in hohem Ansehen.

Vom Mittelalter bis in das 19. Jahrhundert unterlagen die Wälder vielfältigen und intensiven Nutzungen, die zu weiterer Verringerung der Waldfläche und zur Übernutzung der verbliebenen Bestände führten. Die fortschreitende Waldzerstörung sollte bald zu permanentem Holzmangel führen. Bauholz (vor allem Eiche, aber auch Kiefer), Feuerholz für die Nahrungsbereitung und Heizung sowie Werkholz für eine Vielzahl von Gewerken verschlangen große Mengen des nicht genügend nachwachsenden Rohstoffs. Besonders viel Bedarf gab es bei Glashütten und Teeröfen, die im 17. und 18. Jahrhundert in einigen mecklenburgischen Gegenden betrieben wurden. Sehr zerstörerisch wirkte sich zudem die fortwährende Beweidung der Wälder mit Haustieren aller Art aus. Mit zunehmender Verknappung von Weideland wurden verstärkt seit dem 18. Jahrhundert Moore und Bruchwälder entwässert, um neue Flächen zu gewinnen.

Durch die unterschiedlichen Nutzungen bildeten sich drei Waldformen heraus: Folge der Waldweide waren die parkartig gelichteten Hudewälder aus breitkronigen, verbissenen, oft knorrigen Bäumen; Niederwälder entstanden dort, wo zur Brennholzgewinnung die Bäume immer wieder auf den Stock gesetzt, also in einer frühen Wachstumsphase abgesägt oder abgehackt wurden; in den Mittelwäldern verschonte man einzelne Bäume vom kurzzeitigen Umtrieb, wie das Fällen bezeichnet wird, und zog sie zu so genannten Kernwüchsen heran, die als Bauholz benötigt wurden. Die mecklenburgische und vorpommersche Kulturlandschaft war zu Anfang des 19. Jahrhunderts weithin waldarm, wobei man die Restwälder trotz zahlreicher Holzverordnungen weiter ausplünderte.

Der heutige Waldbestand verteilt sich sehr ungleich über das Land. Seine Verbreitung ist in den Grundzügen der eiszeitlich geformten groben Naturraumgliederung angelehnt. Die reliefarmen Sandlandschaften in Südwest-Mecklenburg (altpleistozäne Hochflächen, Talsande), im Bereich der Mecklenburger Seenplatte (Sander) und der Ueckermünder Heide (Beckensande) sind von ausgedehnten Wäldern bedeckt, die aufgrund ihrer Nutzungsgeschichte heute überwiegend aus Kiefernforsten bestehen und der jeweiligen Gegend etwas Schwermütiges und Eintöniges verleihen. Im Verbund mit Mooren, Fließgewässern und Seen sind markante Landschaften entstanden, etwa die Nossentiner-Schwinzer Heide, Teile des Müritz-Nationalparks und das Neustrelitzer Kleinseenland.

Das hügelige Endmoränengebiet des Mecklenburger Landrücken und Ostrügens ist zwar weniger waldreich als die genannten, doch teilweise von größeren zusammenhängenden Wäldern, überwiegend aus Buchen, bedeckt, so die Serrahner und Feldberger Wälder, so im Schaalseegebiet, in der Kühlung bei Bad Doberan und in der Granitz auf Rügen.

Im Rückland der Mecklenburgischen Seenplatte und im Bereich eben-flachwelliger Grundmoränenlandschaften Vorpommerns sind die Wälder überwiegend in Ackerland umgewandelt. Folglich gibt es relativ wenige, dafür aber bedeutende Wälder in diesem Raum. Die um Abtshagen bieten dem Schreiadler einen letzten Lebensraum in Deutschland und die alten Buchenbestände im Universitätsforst Eldena bei Greifswald stehen den Heiligen Hallen hinsichtlich Alter, Wuchs und Naturnähe kaum nach.

Und auch im waldarmen Ostseeküstenland liegen bedeutende Wälder wie die Rostocker Heide, der «Darßer Urwald«, das Anklamer Stadtbruch. Die Kreideberge von Jasmund auf Rügen sind mit prächtigen Buchenwäldern in größtmöglicher standortbedingter Vielfalt überzogen. Stellenweise reichen sie bis an den Strand hinab, also bis an die äußerste Grenze, die den Bäumen von Natur aus gesetzt ist.

Der Wald auf der im Rügischen Bodden gelegenen Insel Vilm gehört zu den ältesten und eindrucksvollsten des Landes. In den Nationalparken und in einigen Naturschutzgebieten, die seit Jahrzehnten der Natur überlassen sind, haben sich in der jahrtausendealten Kulturlandschaft wenige Wälder regenerieren können, die an jene Urwälder erinnern, die einst das gesamte Land überzogen.

FÖRSTERWALD

Der weitaus überwiegende Teil der Wälder in Mecklenburg-Vorpommern hingegen ist durch forstliche Bewirtschaftung geformt. In den Augen des in Mecklenburg (wahl)beheimateten Schriftstellers Ehm Welk hatte unser Wald schon in den dreißiger Jahren des vergangenen Jahrhunderts »in vielen Bezirken seine natürliche Gestalt und Schönheit verloren und ist durch die Verirrungen einer seelenlosen Forstwirtschaft zur gedrillten Stangenplantage geworden, oder es hat ihn der Eigennutz kurzsichtiger Besitzer zum tier- und poesiearmen Siechenhaus gemacht [...]«.

Das sind harte Worte, die aber den krassen Gegensatz zwischen Wald und Forst auf sehr deutliche Weise zum Ausdruck bringen. Sie sind hilfreich, um diesen Gegensatz verstehen zu können, und dies wiederum ist eine wesentliche Voraussetzung dafür, ihn auflösen zu lernen. Wie kam es dazu, daß die einstigen Wälder der Märchen- und Zauberwesen zum poesiearmen Forst, gar zum »Siechenhaus« wurden? Das ist eine lange Geschichte, die hier nur in Stichpunkten skizziert werden kann.

Im Mittelalter gab es Wald scheinbar noch im Überfluss, seine Rodung und Wandlung in Ackerland galt als Kulturleistung. Doch Rodung und Waldweide, desgleichen der Holzbedarf der zunehmenden Bevölkerung – etwa für den Aufbau der zwischen 1200 und 1400 auch in Mecklenburg und Pommern zahlreich gegründeten Städte – drängten den Wald zurück und führten zu rascher Verknappung vor allem von Bauholz.

Die Geschichte der Wälder beziehungsweise Forsten seit dem ausgehenden Mittelalter lässt sich grob in drei Phasen gliedern: zum einen die Zeit »traditioneller Waldnutzung und landesherrlicher Verordnungen« vom ausgehenden Mittelalter bis Ende des 18. Jahrhunderts, zum zweiten die Zeit der »klassischen Forstwirtschaft« vom Ende des 18. bis Mitte des 20. Jahrhunderts und seither zum dritten die Zeit der »Waldwende« zu »naturgemäßer Waldwirtschaft«. Die erste Phase ist eng mit dem Erstellen von Holzverordnungen, den Vorläufern heutiger Forst- und Jagdgesetze, verbunden. Deren Ziel war die Sicherung einerseits von Wald als Quelle des für viele Lebensbereiche unentbehrlichen Holzes sowie andererseits des landesherrlichen Privilegs der Jagdausübung. In der landeskundlichen Betrachtung über »1000 Jahre Jagd- und Forstgeschichte Mecklenburgs« von Eberhard Voß (1993) wird anhand zahlreicher Beispiele dokumentiert, wie die mecklenburgischen Herzöge als Landesherren seit dem 16. Jahrhundert immer wieder versuchten, der Waldverwüstung und Übernutzung gegenzusteuern. Ein erstes Forstedikt geht auf das Jahr 1516 zurück. In den Polizei- und Landordnungen der Herzöge Johann Albrecht und Ulrich werden die Untertanen zu schonendem Umgang mit den Wäldern ermahnt und eine Reihe von Maßgaben angeordnet, zum Beispiel Mastbäume (Eichen und Buchen) zu schonen, Äcker mit Steinmauern statt mit Holzzäunen zu umfrieden und die Zahl der Ziegen zu begrenzen. Ferner vermerken sie, dass Amtsleute, Ortsvorsteher und Heidereiter zur Kontrolle verpflichtet sind.

1573 ließ Elisabeth, dänische Königstochter und Gemahlin von Herzog Ulrich, zur Wiederbewaldung der dem Doberaner Kloster gehörenden Heidberge bei Güstrow Bäume säen. Diese auf einer Tafel im Güstrower Dom vermerkte Tat hatte eine historische Dimension, insofern sie, soweit bekannt, die erste »Aufforstung« im Lande bedeutete und zugleich die wohl erste Maßnahme bewusster »Umweltbildung zur Nachhaltigkeit«, wie wir es heute nennen würden. Die Herzogin zog Kinder als Zeugen hinzu, um durch sie das Bewusstsein für den Wald in die nächste Generation zu tragen.

Die Vorsorge für nachfolgende Generationen mag Herzog Adolf Friedrich 1654 bewogen haben, in seinem Testament festzulegen: »[…] unsere Söhne sollen auch dahin sehen das die Wälder, sonderlich auch das harte Holz gehegt und nicht verwüstet […] werde«. Und die Söhne beherzigten den Willen des Vaters. Herzog Christian Louis gab mit einem Edikt von 1666 »allen und jeden Unsern jetzigen und künfftigen Beamten, Jägermeistern, Ober- und unter Holtzförstern, Pensionarien, Holtzvoigten, Heyd- und Landreitern, Schultzen und sämptlichen Ambts Unterthanen und Angehörigen hiermit gnädigst zu wissen«, dass »wir nun solchen muthwilligen Holtzverwüsten und schädlichen Heydbrennen nicht ferner zusehen, sondern dawieder ein vor allemahl gegenwertiges Unsers offenes Verbott ergehen lassen und deßfals nachgesetzte Straffe darauff ordnen und setzen wollen«. Und es folgt die Auflistung des Strafmaßes, je nach Schwere des Vergehens am Walde. »Wer aber wieder Verbot Heyde, Wischen oder Felder anzündet, der soll von unsern Beampten zur Hafft gebracht und […] auch nach befinden Leib und Lebens Straff beleget werden.« Die herzoglichen Beamten wurden angewiesen, diese Verordnung, »so ein perpetuirliches Gesetz sein sol«, in allen Kirchen von den Kanzeln öffentlich zu unterschiedlichen Sonntagen zu verkünden, damit sich niemand mit Unwissenheit herausreden könne. »Daß meinen Wir ernstlich«, bekräftigt »Christian Lovis, von Gottes Gnaden Herzog zu Mecklenburg […] Schwerin den 30. Maij Anno 1666«.

Die Strenge des Landesherrn scheint nicht lange gewirkt zu haben, die Waldverwüstung durch Übernutzung war kaum gebremst, die Holznot wurde zunehmend dramatisch. Anfang des 18. Jahrhunderts waren nur noch 15 Prozent der Landesfläche mit Wald bestanden, der niedrigste Wert in der Geschichte des Landes. Man erließ zahlreiche weitere Verordnungen, von denen nur erwähnt sei, dass die Förster und Holzvögte erstmals zur Regierungszeit Christian Ludwig II. (1728 – 1756) einen »leiblichen Eyd zu GOTT und auf sein heiliges Wort« zu schwören hatten und zur Durchsetzung der herzoglichen Verordnungen zum Schutze der Wälder verpflichtet wurden.

Zunehmend wurde die Sorge um den Wald jedoch feudalen Jagdleidenschaften untergeordnet. Die herzoglichen Forstbediensteten waren nun in erster Linie Jagdaufseher und selber Jäger, »ein Jäger, der vor die Reste und Kulissen eines Waldes gestellt war, der jegliche Natürlichkeit seit Menschengenerationen verloren hatte«, wie Wilhelm Bode und Martin von Hohnhorst 1994 das Verhältnis von Forst und Jagd in Deutschland im 18. Jahrhundert charakterisierten.

Die landesherrlichen Versuche, durch Forstpolizeigewalt die Übernutzung und Ausplünderung des Waldes zu verhindern, waren gescheitert. Von Wild und Weidevieh verbissene Hude-, ausgeplünderte Mittel- und zerhackte Niederwälder konnten den Holzbedarf wachsender Bevölkerung, beginnender Urbanisierung und allmählich einsetzender Industrialisierung in Deutschland nicht mehr befriedigen. Die zunehmende Not zwang zu einer grundlegenden Änderung des Umgangs mit Wald.

Ende des Jahrhunderts wurde in der Rostocker Heide damit begonnen, durch rechtwinklige Schneisen (Gestelle) eine so genannte geometrische Schlageinteilung zu vollziehen. Damit brach auch in Mecklenburg das Zeitalter der klassischen Forstwirtschaft an.

Der bis dahin vorherrschende regellose Plenterbetrieb und die Naturverjüngung, die wegen hoher Wilddichte und Waldweide jedoch kaum zur Entwicklung kommen konnte, wurden abgelöst durch Saat und Anzucht von Jungpflanzen in Forstbaumschulen, den »Kämpen«, und die Anlage von regelmäßigen Schlägen mit festgelegten Umtriebszeiten. Aus diesen »Kulturen« gleichaltriger und gleichartiger Bäume entstand der »Altersklassenwald«, der für zwei Jahrhunderte zum vorherrschenden Betriebsmodell der Forstwirtschaft auch in Mecklenburg und Pommern werden sollte.

Saat, Anzucht und Pflanzung stellten eine außerordentliche logistische Herausforderung dar, mit deren Beherrschung der Durchbruch der klassischen Forstwirtschaft gelang. Eicheln und Bucheckern wurden an das Vieh verfüttert, waren jedoch kaum in der benötigten großen Menge zu beschaffen. Sie sind zudem schwer und die Jungpflanzen von Eiche und Buche auf Freiflächen anfällig gegen Frost und Dürre. So setzte man aus zunächst rein praktischen Gründen auf die leichten und leichter gewinnbaren Samen von Kiefern und Fichten.

Durch die in der ersten Hälfte des 19. Jahrhunderts erfolgende Trennung von Wald und Weide und die damit einhergehende Verkoppelung von Weideflächen wurde das Vieh aus dem Wald verbannt. Dessen Verwüstung konnte damit im Wesentlichen Einhalt geboten werden. Erkenntnisse der sich entwickelnden jungen Forstwissenschaft (Hanns Carl von Carlowitz hatte bereits 1713 erstmals das Prinzip der Nachhaltigkeit formuliert) wurden in die Praxis überführt. Man fing an, heruntergewirtschaftete Wälder, Heiden und Brachland systematisch aufzuforsten, sodass sich die Waldfläche des Landes sichtlich vermehrte.

Die durch straff organisierte Forstorganisation und geregelte Forstwirtschaft erreichte Wende von der Waldzerstörung durch Übernutzung zum Aufbau geschlossener Altersklassenbestände und zur Ausdehnung der Waldfläche ist eine unbestreitbare historische Leistung mehrerer Generationen von Forstleuten. Die vorrangige Nutzung der Kiefer war zu jener Zeit auch aus ökologischer Sicht sinnvoll. Die starke Ausbreitung der Fichte durch flächenhafte Aufforstung wird verständlich, wenn man sich die Anforderungen bewusst macht, die die sich entwickelnde Industrie an den Rohstofflieferanten Wald stellte. Im Verlauf weniger Jahrzehnte änderte sich das Bild der »Kulturlandschaft der fließenden Übergänge« zwischen offenem Land und Restwäldern grundlegend zu einer Kulturlandschaft scharfer Grenzen zwischen Äckern, Viehkoppeln und in regelmäßige Schläge unterteilten Forsten.

Dieser schlagweise Altersklassenwald war »der ehrlich gemeinte Versuch einer fehlgeleiteten klassischen Forstwirtschaft, den Wettkampf mit den ökonomischen Rahmenbedingungen der Industriegesellschaft aufzunehmen«, fassen Bode und von Hohnhorst das Wesen dieses bis heute in Deutschland vorherrschenden »Försterwaldes« zusammen. Denn bald schon zeigte sich, dass Natur nicht nach industriellen Prinzipien zu beherrschen ist. Die Massenvermehrung von Insekten war eine ihrer ersten Antworten auf gleichaltrige Nadelholz-Monokulturen. Zwar reagierte die Forstwirtschaft mit dem so genannten Forstschutz, doch bis heute vermag dieser nicht zu heilen, was durch naturwidrigen Waldbau an Schäden angerichtet und vorprogrammiert wird.

Gänzlich machtlos bleibt alle Forstwissenschaft und -praxis gegenüber den seit etwa drei Jahrzehnten häufiger auftretenden Stürmen, die die eng stehenden, hoch aufgeschossenen Nadelbäume flächenweise wie Streichhölzer umbrechen und umwerfen. Als Mitte der siebziger Jahre das »Waldsterben« die Öffentlichkeit aufschreckte, schien das Ende des Waldes in Deutschland nahe. Dieses Schreckensszenario löste nicht nur Forschungsaktivitäten von bisher ungekannten Ausmaßen und Entwicklungsschübe in der Umwelttechnologie aus, sondern brachte auch Erkenntnisse und praktische Erfahrungen naturgemäßer Waldwirtschaft in Erinnerung, Erfahrungen, die seit Jahrzehnten gesammelt, bislang aber wenig zur Anwendung gekommen waren.

So ist eine Wende zu naturgemäßer Waldwirtschaft unausweichlich, die sich auf in der zweiten Hälfte des 19. Jahrhunderts erstmals entwickelte Ideen und in der Folgezeit gemachte praktische Erfahrungen von Karl Gayer, Professor für Waldbau, Alfred Möller, Direktor der Forstakademie zu Eberswalde, und August Bier, Chirurg und »Waldarzt«, besinnt. Das Betriebsmodell des Altersklassenwaldes ist als unzeitgemäß zu verwerfen, der »Dauerwald« muss zum Kern forstlichen Wirtschaftens in Gegenwart und Zukunft gemacht werden.

SOMMERGRÜNER LAUBWALD

Um sein Wesen zu begreifen, gehen wir am besten hinaus in einen Wald, halten Augen und Ohren offen und lassen uns als stille Beobachter gefangen nehmen von seinen Geheimnissen. Zu jeder Jahreszeit bietet er sich anders dar. Wir beginnen mit einem Frühlingsspaziergang im Laubwald.

Sobald der Schnee abgeschmolzen ist und die Strahlen der höher steigenden Sonne noch ungehindert durch die Zweige dringen können, da das Schatten werfende Blätterdach noch nicht entfaltet ist, erwärmen sie rasch den mit abgefallenem, vorjährigem Laub bedeckten Boden. Schon Mitte März schimmert der Wald dann mancherorts blau von unzähligen Blüten des Leberblümchens, kaum zwei Wochen später überziehen ihn Buschwindröschen wie mit einem weißen Teppich. Dazwischen blühen unter anderem Scharbockskraut, Goldstern, Schlüsselblumen, Veilchen, Lerchensporn und Lungenkraut. Der Waldboden erscheint wie ein Blütenmeer. In erstaunlich kurzer Zeit hat sich hier eine überraschend farbige Lebensfülle entfaltet.

Wie ist das möglich, da doch kürzlich noch Schnee den Boden bedeckte? Wenn wir die Laubstreu an einer kleinen Stelle ein wenig beiseite schieben und vorsichtig im lockeren, humosen, nach Moder duftenden Oberboden scharren, finden wir die Erklärung. Die blütentragenden Stängel und Blätter der Buschwindröschen entspringen dicken, dunklen »Wurzelstöcken«, unterirdischen Sprossen, die flach im Boden liegend wurzeln. Zwischen den Wurzeln des Scharbockskrautes finden wir gelbbraune, länglich eiförmige Knöllchen, am Grunde der Goldsterne sitzen Zwiebeln etwas tiefer im Boden und der Lerchensporn entfaltet seine Blütenpracht aus tief im Boden versteckten hohlen Knollen.

Mithilfe dieser Speicherorgane – Wurzelstock, Knolle, Zwiebel – überdauern die Frühblüher sowohl die am Waldboden schattige Zeit des Sommers als auch die winterliche Kälteperiode. Nur in der kurzen Zeitspanne des Frühlings, zwischen Schneeschmelze und Laubaustrieb der Bäume, ist es am Waldboden ausreichend warm und licht zugleich. Diese zeitliche Nische füllen und nutzen die Frühblüher. Sie blühen, fruchten, assimilieren – das heißt, sie binden Kohlendioxid und setzen Sauerstoff frei – und lagern im Prozess der Photosynthese die gebildeten Nährstoffe in ihren unterschiedlichen Speicherorganen ein. Im Mai dann »schlagen die Bäume aus«. Birke, Vogelbeere und einzelne Buchen bringen einen ersten zarten Hauch von Grün in das Geäst und wenig später, fast über Nacht, erstrahlt der Wald geradezu im frischen, leuchtenden Grün des jungen Buchenlaubes. Die Eichen lassen sich etwas Zeit, ihre später hervorbrechenden Blätter haben einen mehr gelblichen Ton. In keiner Zeit des Jahres ist die Landschaft mit einer solch breiten Palette verschiedener, fein abgestufter Grüntöne geschmückt wie im Mai; vom zarten »Birkengrün« über das schon bald nachdunkelnde Grün der Buchen und den rötlichen Schimmer von Pappeln bis zum Schwarzgrün der Kiefern.

Der überquellenden Fülle verschiedener Farben entspricht auch ein breites Band jubilierender Töne, die von früh bis spät durch den Wald schallen. Hier der schmetternde Ruf des winzigen Zaunkönigs, das Pingpong der Kohlmeise, dort das hölzerne Hämmern des Buntspechtes und dumpfe Krächzen des Kolkraben, abends das melodische Schlagen des Sprossers oder der Nachtigall.

Im Sommer verschwimmen die Farben des Frühlings zu einem mehr gleichtönigen dunklen Grün sowohl in den Baumkronen als auch am Waldboden, der jetzt im Schatten liegt und nur hie und da eine unscheinbare Blüte hervorsprießen lässt. Dichte Belaubung dämpft Licht und Geräusche und hüllt den Wald in dumpfes Dämmerlicht. Auch die Vögel sind zurückhaltender in ihren Lebensäußerungen geworden. Aber der Schein der Ruhe trügt.

In den Blättern der Bäume, Sträucher, Krautpflanzen und Moose läuft mit großer Intensität der für das Leben auf der Erde fundamentale Prozess der Photosynthese ab. In deren Verlauf wird aus dem Kohlendioxid der Luft und aus Wasser unter Ausnutzung des Sonnenlichtes und unter Mithilfe des Blattgrüns Chlorophyll Zucker gebildet, der als energiereiche Verbindung die primäre Nahrungsgrundlage für Tiere und Menschen darstellt. Dabei wird der für die Atmung aller aeroben Organismen lebensnotwendige Sauerstoff freigesetzt. Durch diesen Prozess, zu dem einzig und allein grüne Pflanzen und Blaualgen in der Lage sind, entstand im Laufe der Urgeschichte der Erde die sauerstoffreiche Atmosphäre, wurde das Sonnenlicht von Pflanzen aufgefangen und in fossilen Energieträgern konserviert. Mit Kohle und Erdöl verbrennen wir heute in kurzer Zeit die von Pflanzen im Laufe vieler Millionen Jahre gespeicherte Sonnenenergie.

Kehren wir zurück in den Kreislauf der Jahreszeiten. Der Sommer geht zur Neige, es kommt die hohe Zeit der Pilze und damit auch der Pilzfreunde. Scharenweise ziehen sie frühmorgens mit Korb und Messer in den Wald, um Steinpilze und Maronen, Pfifferlinge und Krause Glucken, Perlpilze und andere »Schwämme« für die Bratpfanne zu sammeln. Doch bei aller Gaumenfreude sollten wir nicht vergessen, welch außerordentlich wichtige Organismengruppe die Pilze im Ökosystem Wald darstellen.

Viele von ihnen leben in Gemeinschaft mit Waldbäumen, in so genannter Mykorrhiza. Sie sind für die Keimlingsentwicklung und das spätere Gedeihen der Bäume unentbehrlich. Andere Pilze leiten die Zersetzung des toten Holzes und Laubes ein, unterstützt durch eine Vielzahl von Bakterien und kleinsten Tieren wie Asseln, Käfern, Würmern, Springschwänzen. Alle im Wald anfallende tote organische Substanz – zum Beispiel abgestorbene Pflanzenteile, Tierkot – wird von den »Zersetzern«, wie diese Tiere, Pilze und Mikroorganismen bezeichnet werden, zu Kohlendioxid und zu einfach strukturierten, pflanzenverfügbaren Nährstoffen abgebaut, die im Humus des Waldbodens gebunden werden. Jede für uns noch so unscheinbare Organismenart hat in diesem ständig wirkenden Stoffkreislauf und Energiefluss einen bestimmten Platz, ist einbezogen in den naturgesetzlichen Zyklus von Werden und Vergehen.

Wir stehen vor einer uralten Buche, sie lebt noch, doch ihr Kronendach ist schütter, der Stamm mit Porlingen besetzt. Daneben sehen wir eine abgestorbene Buche, ihre Krone ist heruntergebrochen, aus dem bleichen Stamm brechen Pilze hervor. Der umstürzende Baum hat eine Lücke in das geschlossene Kronendach gerissen, Licht kann jetzt ungehindert bis auf den Waldboden dringen. Ein üppiges Pflanzenleben entfaltet sich zwischen dem abgestorbenen Astwerk – Brennnessel, Himbeere, Geißblatt, Weidenröschen, Adlerfarn bilden rasch eine üppige Lichtungsvegetation. Auf engem Raum laufen Werden und Vergehen nebeneinander ab. Kreuz und quer umherliegende Bäume, moderndes Holz, aufschießendes Dickicht – sie mögen chaotisch aussehen, unterliegen aber einer gesetzmäßigen Ordnung.

Während das Holz vermodert und im Laufe vieler Jahre zu Waldboden »zerfließt«, wächst dazwischen neuer Wald heran. Im Schutze des Totholzes finden die Samen von Buche und Bergahorn, Birke und Vogelbeere günstige Keimungsbedingungen. Auf nährstoffreichen Standorten wächst der Ahorn so rasch heran, dass die Buche zunächst nicht zum Zuge kommt. In den Erneuerungszyklus des Buchenwaldes ist hier eine Bergahorn-Phase eingeschaltet, die 150 bis 200 Jahre währen kann. Anders auf ausgelaugten, nährstoffarmen Böden. Hier sind Vogelbeere, Zitterpappel und Birke als schnellwachsende, kurzlebige Pioniergehölze zunächst im Vorteil, werden aber nach wenigen Jahrzehnten von der Buche überschirmt. An Standorten mittlerer Nährstoffversorgung keimt die Buche unmittelbar und lässt keiner anderen Baumart eine Chance.

So lehrt uns der Wald, dass er nicht nur nach Wuchsleistung, Holzvorrat und Wertzuwachs zu beurteilen ist, er vielmehr eine zentrale Rolle im Naturhaushalt einnimmt – und dass er eine Lebensgeschichte hat, er in dauernd wiederkehrendem Zyklus Jugend-, Reife- und Altersphase durchläuft, voller unberechenbarer Dynamik ist und sich immer wieder selbst erneuert.

VIELFALT DER WÄLDER

Die Buchenwälder des nordostdeutschen Tieflandes gehören zum baltischen Buchenwaldgebiet, das sich bis Nord-Polen, Süd-Schweden und Dänemark erstreckt. Die Buche hat in Mecklenburg-Vorpommern, ja in ganz Deutschland keine klimatisch bedingte Verbreitungsgrenze. Sie zeigt eine weite geografische Spanne von den Meeresküsten bis in obere Berglagen. Lediglich in den Marschlandschaften an der Nordsee und in einigen trocken-warmen Gegenden wie Ost-Brandenburg,

Magdeburger Börde und Thüringer Becken spielt sie eine deutlich untergeordnete Rolle.

Die Buche weist auch eine außergewöhnliche ökologische Spanne auf. Sie gedeiht als hochwüchsige schlanke Baumgestalt auf Lehm- und Sandböden ebenso wie auf Kreide. Als gedrungener »Zwergbaum« dringt sie auf Dünen (neben Kiefer, Birke und Eiche), in luftfeuchten Uferschluchten und an Steilufern (hier gesellen sich Berg-Ahorn, Berg-Ulme und Esche hinzu) bis in ökologische Extrembereiche vor. Nur an feuchten Standorten wird ihre Herrschaft gebrochen. Dort weicht sie zunächst der Esche und schließlich der Erle, deren Sumpfwälder an Seeufern und in Niederungen zum typischen Waldbild des Landes gehören. In periodisch überfluteten Stromauen tritt sie gegenüber Eiche, Ulme und Esche ganz zurück.

Entsprechend dieses breiten ökologischen Standortspektrums finden sich bei der Buche auch vielfältige Formen des Wuchses. Während sie unter günstigen Bedingungen bis 50 Meter hoch wachsen und gewaltige, säulenartige Stämme sowie mächtige Kronen bilden kann, erscheint sie an sturmgepeitschten Küsten als windgeschorene Spalier-, an trockenen Felsstandorten in gedrungener Zwergform.

Buchenwälder sind also durchaus nicht eintönig, wie man aufgrund der außerordentlichen Konkurrenzkraft der Buche erwarten könnte. Auch das Waldbild Mecklenburg-Vorpommerns erweist sich durch unterschiedliche Entwicklungsphasen und nutzungsbedingte Abwandlungen als sehr abwechslungsreich.

Entscheidende Voraussetzung für diese Vielfalt ist das Klima. Für Mecklenburg-Vorpommern kann man generell von einem kühl-gemäßigten, ozeanisch beeinflussten Übergangsklima sprechen, das vor allem Buchen begünstigt. Doch ist es durch ein ozeanisch-kontinentales Gefälle von Nordwesten nach Südosten sowie eine west-östliche Abstufung im Küstengebiet differenziert. Höhenlage und das Relief der Landschaft wandeln die großräumige Situation zu einem verschiedenartigen Klimamosaik ab. Besonders auffallend ist dies auf Rügen, wo in einer Entfernung von nur 30 Kilometern klimatische Extreme zu beobachten sind. Während die Hochlagen von Jasmund, die Kreide-Halbinsel erhebt sich immerhin bis 161 Meter über den Meeresspiegel, mit über 800 Millimeter Niederschlag pro Jahr zu den feuchtesten und rauesten Landschaften zählen, ist Thießow auf Mönchgut mit weniger als 500 Millimeter Niederschlag jährlich einer der trockensten Orte des Landes.

Die Unterschiede des Klimas spiegeln sich vor allem in unterschiedlichen pflanzengeographischen Einflüssen in den Buchenwäldern wider. Neben einem weithin gemeinsamen Grundbestand weit verbreiteter europäischer Laubwaldpflanzen treten im Bereich des westlichen Küstenklimas (West-Mecklenburg bis Nord-Rügen) ozeanische Waldpflanzen wie Hohe Schlüsselblume, Aronstab, Stechpalme oder Wald-Geißblatt stärker in Erscheinung. Die Wälder im Bereich des Hochlagenklimas von Jasmund erhalten durch Pflanzen des Berglandes gar einen montanen Einschlag. Hier kommen etwa Siebenstern, Zwiebeltragende Zahnwurz, Waldgerste, Rippenfarn, Teufelsklaue oder der Berg-Ehrenpreis vor. In den eher trockenen Regionen des Binnenlandes schließlich finden wir Waldpflanzen (subozeanisch-) subkontinentaler Verbreitung. Beispielsweise können hier die Wald-Kiefer und die Winter-Linde in der Baumschicht sowie Leberblümchen, Nickendes Perlgras, Pfirsichblättrige Glockenblume oder Wald-Reitgras in der Krautschicht in Erscheinung treten.

In zweiter Hinsicht wichtig für die Vegetation ist die geologisch-geomorphologisch bedingte Landschaftsgliederung. Während Südwest-Mecklenburg mit dem Vorland der Mecklenburgischen Seenplatte aus Grundmoränen und Talsandflächen der Saale-Kaltzeit gebildet wird und damit zum altpleistozänen norddeutschen Tiefland gehört, ist der gesamte übrige und damit größte Teil des Landes von Gletschern und Schmelzwassern der jüngsten Kaltzeit, der Weichsel-Kaltzeit, und von nacheiszeitlichen Ausgleichsprozessen (Abtragung, Moorbildung, Küstendynamik) als jungpleistozänes Tiefland geformt. Die einzelnen

Übersicht der bedeutendsten natürlichen Waldtypen in Mecklenburg-Vorpommern

Waldtyp	Standort	Vorkommen in M-V	Charakteristische Arten
Perlgras-Buchenwald	Frische, kräftige, (sandig)-lehmige Standorte mit ausgeglichenem Wasser- und Basenhaushalt	»ökologische Mitte« der natürlichen Waldvegetation, weit verbreitet und häufig	**Baumschicht (B):** Rot-Buche (Fagus sylvatica), **Krautschicht (K):** Perlgras (Melica uniflora), Buschwindröschen (Anemone nemorosa), Waldmeister (Asperula odorata), Goldnessel (Galeobdolon luteum),Wald-Flattergras (Milium effusum), Sauerklee (Oxalis acetosella), Maiglöckchen (Convallaria majalis), Wald-Veilchen (Viola reichenbachiana)
Zahnwurz-Buchenwald	wie 1	Hochlagen der Stubnitz auf Rügen	Wie Perlgras-Buchenwald, außerdem Zwiebeltragende Zahnwurz (Dentaria bulbifera)
Eschen-Buchenwald	Nährstoffreiche, lehmig-merglige Böden mit zeitweilig hoch anstehendem Grundwasser	Mit dem Perlgras-Buchenwald weit verbreitet, doch nicht so häufig	**B:** Rot-Buche (Fagus sylvatica), Esche (Fraxinus excelsior), durch frühere Waldnutzung oft Stiel-Eiche (Quercus robur) und Hainbuche (Carpinus betulus) gefördert, im Verjüngungszyklus auch Berg-Ahorn (Acer pseudoplatanus), **K:** Lerchensporn (Corydalis cava), Gelbes Windröschen (Anemone ranunculoides), Scharbockskraut (Ficaria verna), Goldstern (Gagea lutea), in W-Mecklenburg, im Küstengebiet auch Aronstab (Arum maculatum), Hohe Schlüsselblume (Primula elatior)
Erlen-Eschenwald	Länger anhaltend hoher Grundwasserstand und regelmäßige Durchfeuchtung	An Seeufern und an Bachläufen weit verbreitet	**B:** Esche (Fraxinus excelsior), Erle (Alnus glutinosa), Traubenkirsche (Prunus padus), **K:** Winkel-Segge (Carex remota), Einbeere (Paris quadrifolia), Hexenkraut (Circaea lutetiana), Lungenkraut (Pulmonaria officinalis), Wald-Ziest (Stachys sylvatica), Springkraut (Impatiens noli-tangere)
Ulmen-Ahorn-Hangwald	Nährstoffreiche, frische Lehmböden an Steilhängen mit nachrutschender Bodenoberfläche	Steilküsten, steile Seeufer und Bachschluchten im Küstengebiet und im Mecklenburgischen Landrücken	**B:** Berg-Ahorn (Acer pseudo-platanus), Spitz-Ahorn (A. platanoides), Feld-Ahorn (A. campestre), Berg-Ulme (Ulmus glabra), Esche (Fraxinus excelsior), Stiel-Eiche (Quercus robur), Hainbuche (Carpinus betulus), Vogel-Kirsche (Cerasus avium), Wild-Birne (Pyrus achras), Lianen: Efeu (Hedera helix), **K:** Lerchensporn (Corydalis cava), Hohe Schlüsselblume (Primula elatior), Bingelkraut (Mercurialis perennis), Moschuskraut (Adoxa moschatellina), Scharbockskraut (Ficaria verna)
Schattenblümchen-Buchenwald	Sande und sandüberlagerte Lehme mit ausgeglichenem Wasserhaushalt und mittlerer Nährkraft	In Sandlandschaften weit verbreitet und häufig	**B:** Rot-Buche (Fagus sylvatica), Birke (Betula pendula), Trauben-Eiche (Quercus petraea), Kiefer (Pinus sylvestris), Liane: Geißblatt (Lonicera periclymenum), **K:** Schattenblümchen (Majanthemum bifolium), Hainsimse (Luzula pilosa), Hain-Rispengras (Poa nemoralis), Wiesen-Wachtelweizen (Melampyrum pratense), Dorniger Wurmfarn (Dryopteris carthusiana), Wald-Reitgras (Calamagrostis arundinacea)
Pillenseggen-Buchenwald	Nährstoffschwache mäßig trockene Sandstandorte, durch frühere Ackernutzung oder Entnahme von Laubstreu degradierte Böden	In Sandlandschaften verbreitet	**B:** Rotbuche (Fagus sylvatica), Birke (Betula pendula), Stiel-Eiche (Quercus robur), Trauben-Eiche (Quercus petraea), Kiefer (Pinus sylvestris), Vogelbeere (Sorbus aucuparia), **K:** Pillen-Segge (Carex pilulifera), Schattenblümchen (Majanthemum bifolium), Adlerfarn (Pteridium aquilinum), Schlängelschmiele (Avenella flexuosa), Blaubeere (Vaccinium myrtillus)
Weißmoos-Buchenwald	Nährstoffarme, trockene Sandstandorte	Auf ausgehagerten Kuppen in Sandlandschaften zerstreut	**B:** Rotbuche (Fagus sylvatica), Birke (Betula pendula), Stiel-Eiche (Quercus robur), Trauben-Eiche (Quercus petraea), Kiefer (Pinus sylvestris), Vogelbeere (Sorbus aucuparia), **K:** Pillen-Segge (Carex pilulifera), Adlerfarn (Pteridium aquilinum), Drahtschmiele (Avenella flexuosa), **Moorschicht (M):** Weißmoos (Leucobryum glaucum)
Stechpalmen-Buchenwald	Zeitweilig grundwasserbeeinflußte Sandstandorte mittlerer Nährkraft	Selten in West-Mecklenburg und im westlichen Küstengebiet bis Rügen	Wie Schattenblümchen-Buchenwald, außerdem untere Baumschicht mit Stechpalme (Ilex aquifolium), **K:** Adlerfarn (Pteridium aquilinum), Pfeifengras (Molinia coerulea), Weiches Honiggras (Holcus mollis)
Pfeifengras-Buchenwald	Nährstoffschwache Sandstandorte mit zeitweilig hoch anstehendem Grundwasser	Tal- und Beckensandlandschaften des Binnenlandes sowie im Küstengebiet	**B:** Rotbuche (Fagus sylvatica), Birke (Betula pendula), Stiel-Eiche (Quercus robur), Trauben-Eiche (Quercus petraea), Kiefer (Pinus sylvestris), Vogelbeere (Sorbus aucuparia), **S:** Faulbaum (Frangula alnus), Lianen: Geißblatt (Lonicera periclymenum), **K:** Pfeifengras (Molinia coerulea), Adlerfarn (Pteridium aquilinum), Blaubeere (Vaccinium myrtillus)

Waldtyp	Standort	Vorkommen in M-V	Charakteristische Arten
Bingelkraut-Buchenwald	Nährstoffreiche, frische bis mäßig frische Kreidestandorte	Hochflächen und schwach geneigte Hänge auf Jasmund	**B:** Rot-Buche (Fagus sylvatica), in Verjüngung auch Berg-Ahorn (Acer pseudo-platanus), Esche (Fraxinus excelsior), **Strauchschicht (S):** Heckenkirsche (Lonicera xylosteum), Hartriegel (Cornus sanguinea), **K:** Bingelkraut (Mercurialis perennis), Waldgerste (Hordelymus europaeus), Waldmeister (Asperula odorata), Maiglöckchen (Convallaria majalis), Goldnessel (Galeobdolon luteum) u.a.
Orchideen-Buchenwald	Mäßig trockene, luftfeuchte Steilhänge mit kalkreichem Substrat	An der Kreideküste von Jasmund, sonst selten	**B:** Rot-Buche (Fagus sylvatica), Spitz-Ahorn (Acer platanoides), im Unterwuchs selten Eibe (Taxus baccata), **K:** Bleiches, Schwertblättriges und Rotes Waldvöglein (Cephalanthera damasonium, C. longifolium, C. rubra), Frauenschuh (Cypripedium calceolus), Nestwurz (Neottia nidus-avis), Waldhyazinthe (Platanthera chlorantha), Purpur-Knabenkraut (Orchis purpurea), Kuckucksblume (Dactylorhiza fuchsii), Strandvanille (Epipactis atrorubens), Leberblümchen (Hepatica nobilis), Duftende Schlüsselblume (Primula veris), Finger-Segge (Carex digitata) und viele andere, auch die Moosschicht ist üppig und artenreich entwickelt.
Elsbeeren-Buchenbusch-wald	Sonnenexponierte Waldgrenzstandorte auf Kreide	Kreideküste von Jasmund	**B:** Rot-Buche (Fagus sylvatica), Elsbeere (Sorbus torminalis), Wild-Birne (Pyrus achras), Spitz-Ahorn (Acer platanoides), **K:** Schwalbenwurz (Vincetoxicum hirundinaria), Dost (Origanum vulgare), Golddistel (Carlina vulgaris), Berg-Heilwurz (Libanotis pyrenaica) und andere lichtliebende und wärmeanspruchsvolle Arten
Schwalbenwurz-Eichentrocken-wald	Trocken-warme Südhänge auf Sand und Lehm	Selten auf SO-Rügen	**B:** Stiel-Eiche (Quercus robur), **K:** Berg-Haarstrang (Peucedanum oreoselinum), Schwalbenwurz (Vincetoxicum hirundinaria), Gamander-Ehrenpreis (Veronica teucrium), Pfirsichblättrige Glockenblume (Campanula persicifolia), Geflecktes Ferkelkraut (Hypochoeris maculata), Kuhschelle (Pulsatilla pratensis)
Flechten-Kiefernwald	Arme und trockene Dünensande, offene Sandböden	Binnendünen in Sanderlandschaften und Nehrungen an der Küste, Küstendünen in Nehrungslandschaften	**B:** Kiefer (Pinus sylvestris), **K:** Heidekraut (Calluna vulgaris), Silbergras (Corynephorus canescens), Schaf-Schwingel (Festuca ovina), **M:** zahlreiche Moose (Dicranum, Pleurozium, Leucobryum) und Flechten (Cladonia, Cornicularia)
Krähenbeeren-Kiefernwald	Arme, frische bis trockene Sande mit Rohhumusauflage	Nehrungen des Küstengebietes	**B:** Kiefer (Pinus sylvestris), **K:** Krähenbeere (Empetrum nigrum), Blaubeere (Vaccinium myrtillus), Heidekraut (Calluna vulgaris), Preiselbeere (Vaccinium vitis-idaea), Kriech-Weide (Salix repens)
Wintergrün-/ Blaubeer-Kiefernwald	Nährstoffschwache bis arme Sandböden mit Rohhumusauflage	An Seeufern und in Niederungen im ganzen Land	**B:** Kiefer (Pinus sylvestris), Jungwuchs von Vogelbeere (Sorbus aucuparia), Birke (Betula pendula), Trauben-Eiche (Quercus petraea), Berg-Ahorn (Acer pseudoplatanus) und sogar Buche (Fagus sylvatica), **K:** Drahtschmiele (Avenella flexuosa), Blaubeere (Vaccinium myrtillus), Preiselbeere (Vaccinium vitis-idaea), Heidekraut (Calluna vulgaris), selten auch Orchideen wie Netzblatt (Goodyera repens) und Kleines Zweiblatt (Listera cordata) sowie Fichtenspargel (Monotropa hypopitys) und Wintergrün-Arten (Pyrola chlorantha, P. minor, Orthilia secunda, Moneses uniflora) **M:** Dicranum, Hypnum, Pleurozium, Scleropodium
Schwertlilien-Erlenbruchwald	Nährstoffreiche feuchte bis nasse Standorte	An Seeufern und in Niederungen zerstreut im ganzen Land	**B:** Schwarz-Erle (Alnus glutinosa), **K:** verschiedene Seggen (Carex acutiformis, C. elata), Wasser-Schwertlilie (Iris pseudacorus), Frauenfarn (Athyrium filix-femina), Bittersüß (Solanum dulcamara), Zungen-Hahnenfuß (Ranunculus lingua)
Wasserfeder-Erlensumpf	Sumpfstandorte	Zerstreut und meist kleinflächig im ganzen Land	**B:** Schwarz-Erle (Alnus glutinosa), **K:** Wasserfeder (Hottonia palustris), Krebsschere (Stratiotes aloides), Froschbiß (Hydrocharis morsus-ranae), Sumpf-Blutauge (Comarum palustre), Fieberklee (Menyanthes trifoliata)
Birken-Kiefern-Moorwald	Nährstoffarme Moorstandorte		**B:** Moor-Birke (Betula pubescens), Kiefer (Pinus sylvestris), **K:** Sumpfporst (Ledum palustre), Scheiden-Wollgras (Eriophorum vaginatum), Pfeifengras (Molinia coerulea), Trunkelbeere (Vaccinium uliginosum), Blaubeere (Vaccinium myrtillus)

Stadien dieser erdgeschichtlichen Phase lassen sich deutlich bis heute ablesen: eben-flachwellige und kuppige Grundmoränen, hügelige Endmoräne, flache Sander und Urstromtäler mit spezifischem, geomorphologischem Formenschatz.

Als Grundlage für die Bodenbildung herrschen eiszeitliche Gletscher- und Schmelzwasserablagerungen vor. Es handelt sich dabei um kalkreiche bis mehr oder weniger stark entkalkte Geschiebemergel, Gletscher- und Schmelzwassersande (einschließlich Kies) unterschiedlichster Körnungsart. Die Kreidestandorte auf Jasmund stellen als geologisch ältere Ablagerung (etwa 70 Millionen Jahre) eine ausgeprägte Besonderheit innerhalb des jungpleistozänen norddeutschen Tieflandes dar. Als nacheiszeitliche (holozäne) Ablagerungen haben Moore unterschiedlicher Typen sowie Haken und Nehrungen an der Küste und Binnendünen in den Sanderlandschaften Auswirkungen auf die Vielfalt des Waldkleides.

Die wichtigsten Waldtypen sollen hier in grober Übersicht kurz skizziert werden (siehe auch die Tabelle auf den Seiten 22 und 23).

Der Perlgras-Buchenwald stellt gewissermaßen die »ökologische Mitte« der natürlichen Waldvegetation in Mecklenburg-Vorpommern dar. Er ist die auf nährstoffkräftigen Moränenstandorten im baltischen Buchenwaldgebiet großflächig vorherrschende Waldgesellschaft. In der Baumschicht herrscht allein die Buche, die Bodenflora ist artenreich. Besonders auffallend ist der weiße Teppich von Buschwindröschen vor dem Laubaustrieb im April. Auf vergleichbaren Standorten kommt in den Hochlagen der Stubnitz auf Rügen der Zahnwurz-Buchenwald vor.

Auf Moränenböden mit zeitweilig hoch anstehendem Grundwasser ist die Konkurrenzkraft der Buche aufgrund von Staunässe geschwächt und die Esche regelmäßig beigemischt. Dieser Eschen-Buchenwald zählt zu den produktivsten Waldtypen in Deutschland. Er ist unverwechselbar durch einen sehr üppigen und artenreichen Frühjahrsaspekt mit buntem Blütenteppich aus mehreren Frühblühern.

Bei länger anhaltendem hohen Grundwasserstand und regelmäßiger Durchfeuchtung des Bodens kommt die Buche an die Grenze ihrer Möglichkeiten und tritt im Erlen-Eschenwald gegenüber der Esche ganz zurück.

An Steilhängen mit nachrutschender Bodenoberfläche, an Steilküsten, steilen Seeufern und in Bachschluchten können sich auf nährstoffreichen, frischen Lehmböden innerhalb des baltischen Buchenwaldgebietes Ulmen-Ahorn-Hangwälder ausbreiten, die gewisse Beziehungen zu den Blockhalden- und Schluchtwäldern des Berg- und Hügellandes aufweisen.

Auf Standorten mit gleichfalls ausgeglichenem Wasserhaushalt, aber geringerer Nährkraft des Bodens findet man im gesamten Land den Schattenblümchen-Buchenwald. Zwischen der allein herrschenden Buche können sich Birken sowie im östlichen Teil des Landes Trauben-Eichen und Kiefern als Überreste nutzungsbedingter Zwischenwälder halten. Die Krautschicht, insbesondere der Frühjahrsaspekt, ist sehr viel spärlicher als im Perlgras-Buchenwald ausgebildet, sie wird von weniger anspruchsvollen Kräutern und Gräsern gebildet

Auf noch ärmeren und zugleich trockenen Sandstandorten trifft man auf den Pillenseggen-Buchenwald, die ärmsten Waldstandorte kann der Weißmoos-Buchenwald einnehmen. Neben der schlechtwüchsigen, aber immer noch dominierenden Buche können Birke, Stiel- und Trauben-Eiche, Kiefer sowie Vogelbeere als Zwischenwaldarten beigemischt sein. Besonders eindrucksvoll sind die Bestände des Stechpalmen-Buchenwaldes im Naturschutzgebiet Ahrenshooper Holz.

Nährstoffschwache Sandstandorte mit zeitweilig hoch anstehendem Grundwasser bevorzugt der Pfeifengras-Buchenwald. Pfeifengras-Birken-Stieleichenwälder stellen Pionier- beziehungsweise Zwischenwaldphasen dieses Buchenwaldes dar.

Die Kalk-Buchenwälder der Stubnitz auf Rügen sind eine Besonderheit im eiszeitlich geformten Tiefland. Nirgendwo sonst im Lande ist auf so engem Raum eine solche Vielfalt unterschiedlicher Waldtypen ausgebildet wie im Nationalpark Jasmund. Dies hängt mit dem sehr differenzierten Standortmosaik aus Kreide, Moränen, interglazialen Sanden, Bachtälchen, Küstensteilhängen, Mooren und Seeufern zusammen. Zentraler Waldtyp ist der Bingelkraut-Buchenwald mit absolut dominierender und gutwüchsiger Buche, schwach entwickelter Strauchschicht und gut ausgebildeter artenreicher Krautschicht. An Steilhängen der Kreideküste von Jasmund kann man den im Tiefland seltenen Orchideen-Buchenwald bewundern, der sich an den sonnenexponierten Waldgrenzstandorten der Kreideklippen zu Elsbeeren-Buchenbuschwald auflichtet. Die Buche hat an den Steilhängen meist säbelartig gekrümmte Stämme und einen gedrungenen Wuchs, an Hangkanten krallt sie sich förmlich im Kreidefels fest.

An trockenwarmen Südhängen auf Mönchgut kommt kleinflächig auch Schwalbenwurz-Eichentrockenwald vor, der mit buschartig, gleichfalls gedrungenen, breitkronigen Eichen und seinen zahlreichen Krautpflanzen an östliche Waldsteppen erinnert. Bei den im Lande vorzufindenden Eichenwäldern, die meist eine begrenzte Ausdehnung aufweisen, handelt es sich jedoch in der Regel um nutzungsbedingte Zwischenwaldphasen.

Ähnlich sind die auf Binnendünen in Sanderlandschaften und auf den Nehrungen an der Küste vorkommenden Kiefernwälder einzuschätzen. Flechten- und Krähenbeeren-Kiefernwald bilden auf Küstendünen lockere Pioniergehölze aus niedrigwüchsigen, buschartigen Kiefern. Im Wintergrün- und Blaubeer-Kiefernwald ist der Boden mit einem dichten, weichen Teppich aus Drahtschmiele und verschiedenen Moosen bedeckt. Diese Kiefernwälder erinnern in ihrer Struktur an die boreale Kieferntaiga. Laubgehölze im Unterwuchs weisen jedoch auf den Zwischenwaldcharakter und die Entwicklung zum Buchenwald hin.

Und schließlich sind noch Erlenbruchwälder zu nennen, die an Seeufern und in Niederungen die nassesten Waldstandorte einnehmen und mancherorts ausgedehnte Bestände bilden. Die Schwarzerle ist die allein herrschende Baumart. Mit hohen, von Moosen und Farnen bewachsenen Bulten, die über das lange Zeit anstehende Wasser hinausragen, erwecken diese Bruchwälder oft einen urtümlichen Eindruck. Wasserfeder-Erlensumpf dringt im nährstoffreichen Bereich bis an die äußersten Waldgrenzstandorte gegen offene Moor- oder Wasserflächen vor, gleiches gilt an nährstoffarmen Moorstandorten für den Birken-Kiefern-Moorwald.

Vielfalt der Wälder bedeutet aber auch, dass sich eine ganze Reihe von besonderen Biotopen im Wald und in dessen Umgebung entwickeln konnten. Zu den nach dem Landesnaturschutzgesetz in Mecklenburg-Vorpommern geschützten Waldbiotopen zählen neben besonderen Waldtypen auch waldfreie Biotope: Gewässer, Moore, Sümpfe und Ufer, Feucht- und Nassgrünland, Trockenbiotope und Heiden sowie Küstenbiotope.

BÄUME ALS NATURDENKMALE

Alexander von Humboldt soll angesichts eines gewaltigen Baumriesen in Venezuela 1800 erstmals den Begriff »Naturdenkmal« gebraucht und 1819 als »Monuments de la nature« in die Literatur eingeführt haben. Mit der von Hugo Conwentz 1904 verfassten Schrift »Die Gefährdung der Naturdenkmäler und Vorschläge zu ihrer Erhaltung« und der 1906 in Danzig gegründeten »Staatlichen Stelle für Naturdenkmalpflege in Preußen« wurde »Naturdenkmal« zum Leitbegriff staatlichen Naturschutzes in Deutschland. »Aber die Natur hat nicht nur einen Anteil an Denkmälern in der Kunst, vielmehr weist sie in ihren Schöpfungen selbst auch Denkmäler auf«, so Conwentz. Heute sind Naturdenkmäler eine weltweit gebräuchliche Kategorie schutzwürdiger Einzelgebilde der Natur, seien es Felsen oder Schluchten, Quellen oder Wasserfälle, Findlinge oder geologische Aufschlüsse – vor allem aber Bäume. Der alte Baum wurde geradezu zum Prototyp des Naturdenkmals.

Bäume sind wie kein anderes Lebewesen dem Menschen seit Urzeiten verbunden, gelten in der Mythologie vieler Völker als Ursprung der Welt und des Menschen, als Sinnbilder des Lebens, werden als Heiligtümer und Kraftquell verehrt und behütet. Bäume weisen eine ausgeprägte Individualität auf, durchleben ähnlich dem Menschen Entwicklungsphasen von der Keimung des Samens bis zum Tod und sind ihm Spiegelbild seines eigenen Daseins. Doch Bäume leben sehr viel länger als Menschen. Bäume, von Hochzeitspaaren gepflanzt, begleiten noch Kinder und Kindeskinder über viele Generationen und gewähren ihnen als Hausbäume Schutz, sind Zeugnisse von Geschichte.

»Der Baum und ich« nennt 1996 der Fotografiker Volkmar Herre seine erste Ausstellung mit Fotografien geradezu erotischer Baumgestalten von der Insel Vilm. Carl Gustav Carus, Arzt, Naturforscher, Philosoph und Maler, schreibt 1854 in Erinnerung an einen Besuch auf Vilm im Jahre 1819: »Ich traf eine uralte Eiche inmitten der Insel, sie war fast ganz abgestorben und die ungeheuren Äste streckten sich abgewettert und glänzend grau in die blaue Luft, aber statt der eigenen Blätterfülle hatte sich nun ein gewaltiger Efeu hineingerankt und umgab die fast Verdorrte mit Behängen erneuten Lebens. […] Gleich der Eiche, die auf der Küste eines verwilderten Hochlandes sich gerade am mächtigsten entwickelt, die nur hier in einer halben Wüste breithin schattend mit gewaltigen, herrlich geschwungenen Ästen durch Jahrhunderte hin heraufwächst, während ein ähnlicher Baum in schulgerecht angelegtem Forste gehegt, seinen von Querästen zeitig gesäuberten Stamm langweilig gerade hinauftreibt, um dereinst zum Legen von Eisenbahnschienen die trefflichsten Nutzhölzer zu liefern, verhält es sich mit der Entwicklung einer bedeutenden menschlichen Individualität.«

1905 wurde im »Verein der Freunde der Naturgeschichte in Mecklenburg« und im »Verein Mecklenburgischer Forstwirte« der Anstoß zum Schutz alter Bäume im Lande gegeben. Der 1906 gegründete »Heimatbund Mecklenburg« wiederum widmete sich auf Initiative des Oberforstmeisters und späteren Landesbeauftragten für Naturschutz, Georg von Arnswaldt, mit großem Elan der Inventarisierung von Naturdenkmalen. 1938 waren in Mecklenburg über 5000 Bäume und Baumgruppen in den Denkmalbüchern der Kreise eingetragen und zu etwa einem Drittel durch von Arnswaldt in sein Buch »Mecklenburg, das Land der starken Eichen und Buchen« aufgenommen. Diese bemerkenswerte Schrift vermittelt einen Eindruck davon, wie außerordentlich reich Mecklenburg noch in der ersten Hälfte des 20. Jahrhunderts an alten Bäumen gewesen ist. Neben sehr vielen Eichen und Buchen werden vor allem Linden, Ulmen, Eschen, Pappeln, Kiefern, Eiben sowie in deutlich geringerer Zahl weitere Baumarten in außergewöhnlichen Exemplaren aufgeführt. Während des Krieges musste die Inventarisierung der Naturdenkmale abgebrochen werden. Doch werden 1942 immerhin 9230 geschützte Einzelgebilde der Natur in Mecklenburg verzeichnet, darunter etwa 80 Prozent Bäume und Baumgruppen. Die größte Zahl weist der Kreis Waren mit 2108 Naturdenkmalen auf, gefolgt von Hagenow (1293), Schwerin (1223) und Güstrow (1132).

Die ältesten und mächtigsten Bäume nicht nur Mecklenburg-Vorpommerns, sondern ganz Deutschlands sind zweifellos die Ivenacker Eichen. In dem Buch »Alte liebenswerte Bäume in Deutschland« führt Hans Joachim Fröhlich im Jahr 2000 mehrere »Tausendjährige Eichen« auf, die jedoch in ihren Ausmaßen alle deutlich hinter der bereits erwähnten, 12 Meter Stamm- und 29 Meter Kronenumfang aufweisenden stärksten Ivenacker Eiche zurückbleiben. Während ihr Alter rund 1200 Jahre beträgt, werden drei weitere Eichen mit über sieben Meter Stammumfang auf 800 bis 900 Jahre geschätzt. Von Arnswaldt führt elf alte Eichen im Ivenacker Tiergarten auf.

Als die Dendrologische Gesellschaft während ihrer Jahrestagung 1927 in Rostock auch Ivenack besuchte, wurden diese elf über 500-jährigen Eichen mit Staunen und Ehrfurcht betrachtet. »Diese wunderbaren uralten Bäume bilden wohl das herrlichste Schaustück der ganzen diesjährigen Reise, nicht nur für den Dendrologen, sondern für jeden denkenden und fühlenden Menschen, der auch nur ein bisschen Sinn und Ehrfurcht für Naturschönheiten hat. Fast eine Stunde währte unser Aufenthalt an dieser geweihten Stätte, und mit wirklicher Andacht stand man vor diesen riesenhaften Naturdenkmälern, wie sie an keiner anderen Stätte unseres Vaterlandes ein zweites Mal gefunden werden können«, notierte Graf von Schwerin in den Mitteilungen der Gesellschaft.

Diese gewaltigen Bäume sind, wie wohl alle starken Eichen des Landes, nicht Überreste einstiger Urwälder, sondern Zeugnisse jahrhundertelang betriebener Waldweide. Sie sind Zeugen von 1000 Jahren Landesgeschichte! Als die älteste Eiche um 800 n.Chr. keimte, wurde Karl der Große in Rom zum Kaiser gekrönt. Die Gegend um den Ivenacker See und das heutige Mecklenburg-Vorpommern waren von slawischen Volksstämmen, Obotriten, Wilzen/Lutizen und Ranen, besiedelt und die Küsten von Nord- und Ostsee wurden von Wikingern heimgesucht. In Ralswiek auf Rügen blühte ein Seehandelsplatz mit Verbindungen bis in den Orient, wie ein Schatzfund aus über 2000 arabischen Münzen belegt. Fast zweihundert Jahre zählt die Eiche bereits, als die Mecklenburg («Michelenburg«) 995 erstmals in einer Urkunde von Kaiser Otto III. erwähnt wurde.

Während Heinrich der Löwe 1160 bis 1164 das slawische Siedlungsgebiet bis zur Peene unterwarf und der Dänenkönig Waldemar I. 1168 die Tempelburg der Ranen auf Arkona eroberte, war die Ivenacker Eiche schon ein stattlicher Baum und die nächste Eichengeneration der heute 800 bis 900-Jährigen wuchs gerade heran. 1252 wurde in Ivenack ein Zisterzienser-Nonnenkloster gegründet, die Waldweide betrieb man weiter. Als Kaiser Karl IV. den beiden Mecklenburgern Albrecht II. und seinem Bruder Johann 1348 in Prag die Herzogswürde verlieh, war unsere Eiche nach heutigen Maßstäben bereits ein stattliches Naturdenkmal von über fünf Meter Stammumfang. Sie überlebte in den folgenden Jahrhunderten die Wirren um die Reformation im benachbarten Pommern (1535) und in Mecklenburg (1549), den Dreißigjährigen Krieg (1618–1648), die Teilung Mecklenburgs in die Herzogtümer Schwerin und Strelitz (1701), die »Franzosenzeit« (1806–1812) und die Erhebung der beiden Mecklenburg zu Großherzogtümern im Ergebnis des Wiener Kongresses 1815.

Als Fritz Reuter 1810 im nahegelegenen Stavenhagen geboren wurde, war »unsere« Eiche bereits ein 1000-jähriger Baumveteran. Die Waldweide war inzwischen durch ein Wildgatter mit 800 Stück Damwild auf 200 Hektar abgelöst worden, wodurch der Freistand der Bäume gewährleistet blieb. Sie dürften Reuter die Anregung zu seinem Gedicht »De Eikbom« gegeben haben, das Widerstandsgeist gegen die überlebten Feudalstrukturen zum Ausdruck bringt und vertont auch als mecklenburgische Hymne bezeichnet wird: »Ick weit einen Eikbom, de steiht an de See, de Nurdstorm de brust in sin Knäst; stolz reckt hei de mächtige Kron in de Höh, so is dat all dusend Johr west […].« Alte, knorrige Eichen als Sinnbilder von Kraft und Stärke regten auch Hoffmann von Fallersleben an: »Frei und unerschütterlich wachsen unsre Eichen, mit dem Schmuck der grünen Blätter stehn sie fest in Sturm und Wetter, wanken nicht noch weichen«, dichtete er 1842.

Von Arnswaldt führt mehr als ein Dutzend alter Eichen mit Stammumfängen von über acht sowie hunderte mit einem Mindestumfang von 4,50 Metern auf. Es handelt sich fast ausschließlich um Stiel-Eichen, als Trauben-Eiche wird lediglich die »Övelgönnerbergeiche« bei Güstrow mit knapp fünf Meter Umfang erwähnt.

Obgleich inzwischen viele dieser Veteranen dem Alter erlegen sind, prägen auch heute noch Eichen das Bild mancher Region in Mecklenburg-Vorpommern. Mit 700 alten Exemplaren, darunter viele mit über sechs Meter Umfang, auf 800 Hektar weist die Gegend bei Schwechow und Pritzier nahe Hagenow eine einzigartige Dichte auf. In der mittelmecklenburgischen Hügellandschaft um Teterow haben sich die Reste von neun mittelalterlichen Schweinemastwäldern (»Eichenkoppeln«) mit über 135 mehr als 400-jährigen Eichen erhalten, dazwischen auch einzelne Mastbuchen. Besonders markant sind die Eichenkoppeln um Burg Schlitz in der Mecklenburgischen Schweiz. Auch um Groß Gievitz bei Waren prägen zahlreiche alte Eichen das Landschaftsbild und den Charakter der hügeligen Feldflur.

Die ältesten Eichen auf Rügen stehen im Putbusser Park nahe dem Theater. Zwei von ihnen messen über 6,50 Meter im Umfang und werden auf über 600 Jahre geschätzt. Sie sind ebenso wie die Eichen in der Feldmark bei Pastitz und Ketelshagen unweit Putbus, die Pommerneichen von Ückeritz auf Usedom, die Eichen bei Vietgest und viele andere Relikte einstiger Hudewälder. Auch die bizarr geformten alten Eichen auf Vilm zeugen von früherer Waldweide. Die Sockeleiche in Suckow gilt als schönste Usedoms, die Kroneiche am Glienholz bei Minzow als stärkste und älteste des Müritzgebietes, sie misst neun Meter Stammumfang und wird auf 900 Jahre geschätzt.

Eichen werden mit Vorliebe nach Persönlichkeiten und Begebenheiten benannt. So gibt es beispielsweise die Blücher-Eichen bei Zietlitz (sie erinnern an den Durchzug Blüchers mit der geschlagenen preußischen Armee am 29. Oktober 1806), die Louisen-Eiche bei Hohenzieritz (nach der sehr populären Königin Louise), die Adolf-Friedrich-Eiche bei Goldenbaum (wohl nach dem Gründer von Neustrelitz 1733), die Billroth-Eiche in Bergen (in Gedenken an den berühmten Arzt Theodor Billroth), die Körner-Eiche und die Hardenberg-Eiche in Wöbbelin mit den Grabstätten des »Sängers der schwarzen Freischar« und des ihm befreundeten Grafen. Mancherorts, wie auf dem Rugard bei Bergen, pflanzte man nach 1871 Friedenseichen.

Die Buche dominiert nicht nur die Wälder des Landes, sie kommt auch in prachtvollen Einzelexemplaren vor, wenngleich längst nicht so zahlreich und landschaftsprägend wie die Eiche. Es sind meist so genannte Überhälter aus früheren Hudewäldern. Während die Eiche weit über 1000 Jahre alt werden kann, bringt es die Buche selten auf mehr als 300 Jahre. Als älteste und stärkste ihrer Art in Deutschland galt die Gievitzer Buche unweit von Waren. Erst in den dreißiger Jahren entdeckte sie Karl Bartels bei der Erfassung von Naturdenkmalen im Müritzkreis. Als er dem Reichsforstministerium in Berlin die Maße mitteilte, schrieb man zurück: »[…] bitte nochmals nachmessen, es muß ein Irrtum vorliegen«. Doch es blieb bei einem Stammumfang von 9,60 Meter. Das Ministerium bestätigte, dass damit die stärkste Buche Deutschlands gefunden worden sei. Sie wurde am 13. November 1937 als Naturdenkmal unter Schutz gestellt. Am 14. August 1973 stand sie in Flammen, überlebte jedoch den Brand, da das Feuer rechtzeitig gelöscht werden konnten. 1983 wurde dieser prächtige Baumriese dann ein Opfer der Frühjahrsstürme.

Auch die bei von Arnswaldt mit 8,50 beziehungsweise 8,60 Meter aufgeführten zweitstärksten Buchen des Landes, die von Bülow bei Crivitz und von Below im Müritzkreis, existieren nicht mehr. Er nennt acht weitere Buchen mit mehr als sechs Meter Stammumfang sowie einen mehrstämmigen Baum von neun Metern Umfang. Als höchster Baum Mecklenburg-Vorpommerns wird eine 45,5 Meter hohe Buche bei Groß Upahl, Kreis Güstrow, angesehen. Ein 45 Meter hohes Exemplar mit 4,25 Metern Umfang stand bis vor wenigen Jahren auch in den »Heiligen Hallen« bei Feldberg. Bekannte Naturdenkmale waren die Herthabuche bei Stubbenkammer auf Rügen und die Zwölfapostelbuche auf der Insel Vilm, beide offenbar Relikte früherer Hudewälder. Die Herthabuche soll schon 1852 nahe am Absterben gewesen sein. Auf Veranlassung des Preußenkönigs Friedrich Wilhelm IV. wurde sie durch eine Aufschüttung noch für über 100 Jahre erhalten. 1960 schätzte man sie auf 450 Jahre, sie maß einen Umfang von 5,12 Metern. Wenige Jahre später brach sie zusammen und ist inzwischen längst zu Humus geworden. Die Zwölfapostelbuche starb in Würde Anfang der fünfziger Jahre des vergangenen Jahrhunderts, sie soll sechs Meter Umfang und 35 Meter in der Höhe gemessen haben.

Heute gilt mit acht Meter Umfang die Buche bei Dobbin östlich des Krakower Sees als mächtigste nicht nur in Mecklenburg-Vorpommern, sondern in ganz Deutschland. Es ist ein prächtiger Baum mit gewaltiger, weit ausladender Krone. Wunderbare Hudewaldbuchen stehen bei Granstorf unweit Tessin, sie dürften 300 Jahre alt sein. Buchen von bizarrem Wuchs finden sich im Gespensterwald von Nienhagen, auf dem Darß und an der Nordküste von Wittow. Eindrucksvolle Naturdenkmale sind auch die Buchen am Wolgastsee bei Korswandt auf Usedom (4,50 Meter), am Gutshaus Rosenhagen, bei Reischvitz und bei Klein Stubben auf Rügen sowie auf der Insel Vilm.

Die Buche wird weitaus seltener als die Eiche mit Namen belegt, jedoch gibt es außer den bereits erwähnten auch Franzosen-, Kronen-, Hexen-, Wunder-, Grenz- und Zwillingsbuchen.

Linden können fast ebenso alt werden wie Eichen und sogar Stämme von noch gewaltigeren Ausmaßen entwickeln. Von Arnswaldt führt für Mecklenburg zwölf solcher Bäume mit über sieben Meter Stammumfang auf, fast alle stehen auf Kirchhöfen. Die Linde galt den Slawen als heilig. Alte Linden auf Kirchhöfen lassen vermuten, dass die heidnische Baumverehrung in christlicher Zeit lange weiter wirkte. Da die mittelalterlichen Kirchen fast immer an vorher heidnischen Kultstätten entstanden, ist auch denkbar, dass bereits dort stehende noch junge Linden nicht beseitigt wurden und so zu tausendjährigen Bäumen heranwachsen konnten.

Als dickster Baum des Landes überhaupt gilt bis heute mit 13 Metern Umfang die Winter-Linde auf dem Kirchhof von Alt Polchow bei Güstrow. Ihr Alter wird auf 1000 Jahre geschätzt. Die Sommer-Linde auf dem Kirchhof in Reinberg bei Stralsund steht ihr in Ausmaß und Alter kaum nach. Ihr Umfang wird mit 10,80 Meter angegeben, ihr Alter gleichfalls auf 1000 Jahre geschätzt. Seit 1782 werden neben ihr die Pastoren der 800-jährigen Kirche begraben und Ende des 18. Jahrhunderts bestaunten auf der Durchreise Johann Friedrich Zöllner (1785) und Wilhelm von Humboldt (1796) dieses Naturdenkmal.

Die Linde ist wie kaum ein anderer heimischer Baum im Volksbewusstsein verankert und mit Namen belegt. So gibt es eine Hochzeitslinde im Useriner Forst, unter der 1938 die letzte Dorfhochzeit gefeiert worden ist. Bei Galenbeck steht die letzte Tanzlinde im Lande. In Feldberg findet sich die Amtslinde, in Bargischow bei Anklam die Franzosenlinde, in Körkwitz bei Ribnitz die Wossidlo-Linde, in Stargard die Jungfernlinde …

Seit den sechziger Jahren des zurückliegenden Jahrhunderts wurde – unter fachlicher Anleitung des Instituts für Landschaftsforschung und Naturschutz – in mehreren Landkreisen erneut an der Inventarisierung von Naturdenkmalen und der Aktualisierung ihrer Verzeichnisse gearbeitet. Aus der Vielzahl bemerkenswerter Bäume können hier nur wenige Beispiele weiterer Baumarten genannt werden.

Die Ulme, auch Rüster genannt, kann zu gewaltiger Größe heranwachsen. Nur wenige dieser Recken, von Arnswald führt Ulmen mit bis zu neun Meter Umfang an, haben das vor etwa 40 Jahren einsetzende Ulmensterben überlebt. Das wohl mächtigste Exemplar ist die Berg-Ulme am Flachsee bei Klocksin nördlich von Waren. Der 8,50 Meter Umfang messende hohle Stamm trägt eine gewaltige Krone. Am Marstall im Putbusser Park steht gleichfalls ein prachtvoller Baum. Starke Feld-Ulmen von mehr als vier Meter Umfang sollen in Güstrow und in Altenhagen bei Kröpelin gestanden haben. Eine Flatter-Ulme am Müritz-Ufer bei Ludorf misst 3,50 Meter.

Die Esche, der Weltenbaum Yggdrasil der germanischen Mythologie, ist zwar im gesamten Land verbreitet, markante Naturdenkmale sind aber nicht sehr häufig. Von Arnswaldt benennt etwa ein Dutzend Exemplare mit mehr als vier Meter Stammumfang, von denen jüngere Nachricht allerdings fehlt. Im Pfarrgarten von Kasnevitz auf Rügen steht eine prächtige, ungefähr 250 Jahre zählende, mit Efeu bewachsene Esche mit mächtigem Stammsockel und gewaltiger, weit ausladender Krone. Im benachbarten Garz findet sich ebenfalls im Pfarrgarten eine »Sockelesche« und im Putbusser Park ein über 30 Meter hoher Baum.

Ahorn spielt als Einzelbaum kaum eine Rolle. Mitte des 19. Jahrhunderts wird auf die auffallend alten Berg-Ahorne auf der Insel Vilm hingewiesen, und auch heute sind dort noch stattliche Exemplare zu bewundern. Ein prachtvoller Spitz-Ahorn steht im Schlosshof von Bothmer, der stärkste Feld-Ahorn (2,42 Meter Stammumfang) in einem Bestand von über 40 Bäumen am Haussee bei Schorssow in der Mecklenburgischen Schweiz.

Nur selten ist die Hainbuche als Naturdenkmal aufgeführt. Die am Gutshaus in Stormsdorf bei Sanitz misst 4,30 Meter Stammumfang. Am

Linde auf dem Kirchhof von Alt Polchow

Gutshaus Jarkvitz auf Rügen soll die schönste Hainbuche der Insel gestanden haben. Bizarr geformte ausgewachsene Kopf-Hainbuchen hegen den Pfarrgarten in Kasnevitz ein. Eindrucksvolle alte Exemplare sind im Wald von Eldena und auf der Insel Vilm zu entdecken.

Die Erle spielt als Solitärbaum praktisch keine Rolle. Zuweilen kann sie jedoch beachtliche Ausmaße annehmen, so gibt von Arnswaldt Erlen bei Güstrow und Waren mit 2,59 beziehungsweise 3,50 Meter Stammumfang an.

Bedeutende Dimensionen bis über 8 Meter Umfang können auch Pappeln annehmen. Sie werden jedoch nicht sehr alt, brechen meist auseinander, wenn sie etwa 120 Jahre erreicht haben. Ähnlich verhält es sich mit Baumweiden. Eine Silber-Weide bei Groß Gievitz misst immerhin 5,50 Meter Umfang und 20 Meter Höhe.

Zu den stattlichsten, wenngleich ursprünglich nicht hier beheimateten Bäumen Mecklenburg-Vorpommerns zählen auch die Platane und die Rosskastanie. Auf der Schweriner Schlossinsel stehen zwei Platanen mit gewaltigen, weit ausladenden Kronen und mächtigen Stämmen. Große Exemplare sind auch in anderen Parkanlagen zu bewundern, zum Beispiel in Melz und Boek im Müritzkreis, in Kittendorf sowie in Kasnevitz, Putbus, Kartzitz und Boldevitz auf Rügen. Prachtexemplare der Rosskastanie stehen unter anderem im Hof des Müritz-Museums in Waren, in Klein Nemerow, in Zirkow auf Rügen. Die in Deutschland eingebürgerte, auf dem Balkan beheimatete Baumart fehlt in kaum einem Park.

Zur besonderen Zierde von Waldrändern, Feldgehölzen und offener Kulturlandschaft gehören Wildobstbäume, die beachtliche Stärken erreichen können. So misst der Wildapfelbaum von Stubbendorf bei Sanitz 4,50 Meter im Umfang. Er ist vital und gesund, trägt regelmäßig Früchte und wird auf 400 bis 500 Jahre geschätzt. Ein Wildbirnbaum bei Vollratsruh dürfte mit 5,10 Meter der stärkste Wildobstbaum in Mecklenburg-Vorpommern sein. Bei Grambow (Krs. Parchim) soll es sogar eine Wildbirne von 7,50 Meter Umfang gegeben haben. Ein wilder Birnbaum bei Carpin misst immerhin 3,50 Meter und fällt durch seine kandelaberartige Krone auf. Schöne Exemplare der Vogel-Kirsche wiederum, die sehr hochwüchsig sein kann und Stärken bis 2,40 Meter Umfang erreicht, finden sich unter anderem in der Rostocker Schweiz.

Als Naturdenkmal beliebt ist die Stechpalme. Auffallend kräftige Beispiele (bis 1,25 Meter Umfang) dieses immergrünen, im Küstengebiet des Landes heimischen Baumes stehen etwa in Bastorf bei Kühlungsborn, in Groß Zicker und Lohme sowie in dem seit über dreihundert Jahren bekannten Bestand bei Neu Mukran auf Rügen.

Und schließlich seien noch besondere Individuen von Nadelbäumen erwähnt.

Die Eibe von Mönchshagen bei Rostock (3,51 Meter) gilt als die älteste im Lande, sie wird auf knapp 500 Jahre geschätzt. Die aus mehreren Stämmen zusammengewachsene Eibe im Pfarrgarten von Jabel ist mit 4,35 Meter zwar deutlich stärker, dürfte aber kaum älter als 350 Jahre sein. Immerhin ist Fritz Reuter ihr als junger Mann bei seinem Aufenthalt im Jabeler Pfarrhaus begegnet. Der Park von Heinrichsruh bei Ferdinandshof birgt einen bemerkenswerten Bestand von 50 bis zu zehn Meter hohen Eiben, die stärkste mit 3,32 Meter Umfang. Im Eibenkamp bei Luckow (Krs. Ückermünde) stehen sogar 100 kräftige Exemplare auf einer ein Hektar großen Düne. Die im Putbusser Park (bis 2,50 Meter Umfang) wurden um 1725 gepflanzt. Auch einzelne, als Naturdenkmal geschützte Eiben, etwa in Bastorf bei Kühlungsborn, in Kasnevitz, Groß Zicker, Gager und Altefähr auf der Insel Rügen sind Anpflanzungen aus dem 18. und 19. Jahrhundert, gleichwohl die Eibe in Mecklenburg-Vorpommern auch von Natur aus vorkommt.

Angesichts vielerorts dicht aufgeforsteter, einförmiger Stangenhölzer aus Kiefer ist es schwer vorstellbar, dass dieser Baum außergewöhnliche Individualität auszubilden vermag. Tatsächlich kann er von beeindruckender Schönheit sein und eine große Vielfalt im Erscheinungsbild aufweisen. Während die Kiefer als gedrungener Baum mit windzerzausten, geisterhaft verschlungenen Ästen die äußersten Vorposten des Waldes auf Dünen an der Meeresküste behauptet, sie in bizarr-knorrigen, vielastig-breitkronigen Exemplaren im Freiland ehemaliger Hutungen (Weideland) vorkommt, strebt sie im geschlossenen Bestand mit säulenartig geradem Stamm himmelwärts und überschirmt durch die hoch ansitzende Krone selbst die hochwüchsige Buche. Die mit 45 Metern höchste Kiefer Mecklenburg-Vorpommerns steht am Schweingartensee bei Serrahn, mit 3,20 Metern Stammumfang stellt sie eine imposante Erscheinung dar, in ihrer Krone horstet der Seeadler. Sie wird auf 180 Jahre geschätzt. Bis 200 Jahre alt soll ein Bestand von circa 30 Kiefern am Platz der ehemaligen Glashütte in Speck an der Müritz sein, darunter mehrere mit Stämmen von über drei Metern Umfang. Als eine der stärksten und schönsten Vertreterinnen ihrer Art in ganz Mecklenburg-Vorpommern gilt die alte Kiefer bei Bossow (vier Meter) unweit Krakow am See. Auch die Königskiefer bei Hanshagen ist mit 2,30 Meter Umfang und 29 Metern Höhe ein sehr stattlicher Baum. Im Revier Finkenthal des Forstamtes Dargun soll gar ein Exemplar von 4,60 Meter Umfang existiert haben. Von Arnswaldt gibt in seinem Verzeichnis über zwanzig Kiefern von mehr als 3 Meter Umfang an, darunter auch benannte wie eine Zigeuner-, eine Bockholt- und eine Backofenkiefer.

Von den in Mecklenburg-Vorpommern nicht heimischen Forst- und Parkbäumen seien nur einzelne, durch ihre Dimension auffallende Beispiele genannt.

Eine Fichte bei Lübstorf erreicht 39 Meter Höhe und 3,30 Meter Stammumfang. Als stärkste bekannte Fichte gibt von Arnswaldt einen Baum (3,90 Meter) im Revier Corlow bei Schönberg an. An den Hütter Teichanlagen bei Bad Doberan muss zudem zu seiner Zeit ein Exemplar von 3,50 Meter gestanden haben.

Im Park von Burg Schlitz steht eine stattliche Tanne von der gleichen Stärke, eine Lärche bei Parchim misst 2,60 Meter, eine Weymouts-Kiefer im Park von Ludwigslust vier Meter.

Die aus Nord-Amerika stammende Douglasie, 1829 erstmals nach Europa gebracht, wird häufig als Forstbaum gepflanzt. 1842 wurde ein solcher, damals vierjähriger Baum im Forstgarten Jägerhof bei Wolgast gesetzt. Er stellt heute mit 40 Meter Höhe und 3,70 Meter Stammumfang die älteste Douglasie in Deutschland und eine der ältesten in Europa dar. Die 1880 gepflanzten Douglasien auf dem Sonnenberg bei Parchim wiederum sind mit 50 Meter Höhe die höchsten Bäume Mecklenburg-Vorpommerns.

Schließlich seien noch zwei seit Ende des 19. Jahrhunderts eingebürgerte Exoten erwähnt. Der Mammutbaum stammt aus den Bergen der Sierra Nevada in Kalifornien. Gewaltige, gleichwohl noch jugendliche Vertreter stehen im Rostocker Zoo (5,14 Meter Stammumfang; 25 Meter Höhe), in mehreren Exemplaren in den Parkanlagen von Ludwigslust und Putbus sowie mit zwei Bäumen mitten im Wald von Wendorf bei Sternberg. Das Prachtbeispiel eines Mammutbaums – der weltweit auch als Symbol der Nationalparkidee angesehen wird, da er mit uralten Bäumen im Yosemite-Nationalpark beheimatet ist – kann man neben dem Nationalparkzentrum Königstuhl im Nationalpark Jasmund bewundern. Der Baum wurde hier 1886 als 3 Meter hoher Setzling durch den Bildhauer Reinhold Begas gepflanzt.

Der Ginkgo, der im Tertiär auch in Europa vorkam und heute in Ost-Asien beheimatet ist, wird in China als heiliger Baum an Tempeln verehrt. Er hat sich seit dem Tertiärzeitalter nicht verändert (man spricht hier von einem so genannten Tertiärrelikt). 1730 kam das erste Exemplar nach Europa. In Mecklenburg-Vorpommern gibt es einzelne alte Bäume im Gutspark Kägsdorf bei Heiligendamm, in Hütten bei Bad Doberan, im Putbusser Park und auf der Schweriner Schlossinsel.

PARKE ALS KULTURERBE

Mecklenburg und Vorpommern weisen aufgrund ihres abwechslungsreichen, aber sanften Reliefs, aufgrund des Reichtums an Seen und Söllen, Bächen, kleinen Flüssen und sumpfigen Niederungen günstige natürliche Voraussetzungen für vielfältig strukturierte, oft reizvolle Kulturlandschaften auf – Voraussetzungen, die sich oft auch für Parkschöpfer als ideal erwiesen.

Die vielgestaltige Kulturlandschaft, die sich bis zum 18. Jahrhundert herausgebildet hatte – ländliche Siedlungen mit mittelalterlichen Kirchen als Zentrum, Ackerland, Hutungen und Restgehölze, ein fließender Übergang zwischen Wald und offenem Land –, war beiläufiges und zufälliges Ergebnis der Landnutzung, die nach rein praktischen und wirtschaftlichen Erfordernissen erfolgte. Lediglich auf Kirchhöfen mögen Pietät und Achtung vor dem Alter mancher Bäume deren Erhaltung über Jahrhunderte bewirkt haben und in manchen kleinen Gärten spielten neben dem praktischen Nutzen sicher auch ästhetische Gesichtspunkte eine Rolle. Die Bevorzugung des Schönen gegenüber dem Nützlichen sollte sich jedoch erst in den großen Parkanlagen zeigen.

Dienten die mittelalterlichen Klostergärten noch hauptsächlich der Versorgung, war der unter Ulrich III. von Mecklenburg-Güstrow um 1570 am Güstrower Schloss angelegte fürstliche Renaissancegarten ganz dem Vergnügen und der Repräsentation gewidmet.

Seit Ende des 17. Jahrhunderts entstanden dann in Mecklenburg eine ganze Reihe barocker Schlossgärten nach französischer Manier – streng geometrisch, mit straffer architektonischer Gliederung. Das Bestreben ihrer Schöpfer war darauf ausgerichtet, den Pflanzenwuchs in ein System regelmäßiger Formen zu zwingen. Hecken wurden zu grünen Wänden und schluchtartigen Laubengängen, Buchsbaum und Eibe unter anderem zu Pyramiden, Kugeln oder Kegeln geschnitten. Natur war nur noch Staffage, ihre Unterwerfung Ausdruck des absolutistischen Zeitgeistes, des landesherrlichen Herrschaftsanspruch. So ließ Herzog Christian I. 1672 einen barocken Lustgarten an der Schweriner Schlossbrücke erschaffen, 1675 bis 1677 wurden erstmals ein kleiner Hofgarten auf der Schlossinsel angelegt und ein Lusthaus erbaut, 1710 kam eine Orangerie hinzu. Als Herzog Friedrich 1757 die Residenz nach Ludwigslust verlegte, entstand dort ein barocker Park mit geradlinigen Alleen, Kanälen und Wasserkünsten.

Um die Mitte des 18. Jahrhunderts fand die Idee englischer Landschaftsparks auch in Deutschland Anhänger. So schufen auf Veranlassung von Fürst Leopold Friedrich Franz von Anhalt-Dessau ab 1764 herausragende Künstler das vom Geist der Aufklärung geprägte »Wörlitzer Gartenreich« – ein großzügiges und weitläufiges Meisterwerk. Ende des 18. Jahrhunderts begann man in Mecklenburg und Vorpommern, barocke Gärten dem neuen Stil anzupassen, so in Schwerin, Neustrelitz, Ludwigslust, Bothmer, Hohenzieritz und auch in Karlsburg, Boldevitz und Pansevitz. Oft bestanden geometrische und landschaftliche Gärten einige Zeit nebeneinander, doch in der ersten Hälfte des 19. Jahrhunderts setzte sich die Idee des Landschaftsparks allmählich gänzlich durch. Dies geschah mancherorts, Putbus ist ein herausragendes Beispiel, in Verbindung mit klassizistischen Architekturschöpfungen, die ebenfalls dem Geist der Aufklärung entsprangen.

»Gast, der Du hinaufsteigst, übergib dieser freundlichen Urne Deine Sorgen! Das wünscht Hans Graf Schlitz 1816«, diese Worte, eingemeißelt in Stein, empfangen den Besucher der wohl eigenwilligsten Parkanlage in Mecklenburg. Als Graf Schlitz 1806 mitten in Mecklenburg den Grundstein zum Bau von »Burg Schlitz« auf einer Anhöhe nördlich des Gutes Karsdorf legte, soll Herzog Georg, vom landschaftlichen Reiz der hügeligen Gegend entzückt, diese als »Mecklenburgische Schweiz« bezeichnet haben, ein Name, der fest eingebürgert und bis heute gebräuchlich ist. So trägt auch der Naturpark im Herzen Mecklenburg-Vorpommerns die Bezeichnung »Mecklenburgische Schweiz und Kummerower See«. Der Park des Grafen ist ein Meisterwerk, das die ohnehin anmutige Landschaft in ihrem Reiz noch steigert. Er lädt ein zum Wandern, Rasten, Schauen und immer wieder Schauen. Ob der Blick von der knorrigen Gestalt einer der zahlreichen alten Eichen gefesselt wird oder in die Ferne schweift, Burg Schlitz ist auch heute noch ein Kleinod. Der Kernbereich, am Hang unterhalb des Schlosses angelegt, wird von 200-jährigen prachtvollen Bäumen – neben anderen von der Blutbuche, der Edelkastanie, der Douglasie und der Rosskastanie – bestimmt. Besonders eindrucksvoll ist die Bewegtheit des Geländes, ist der Wechsel vom geschlossenen Wald des Buchenberges und der von Hecken, Alleen, kleinen Seen wie Gräben vielfältig gegliederten offenen Landschaft. Am eindrucksvollsten jedoch sind die noch zahlreichen alten, kraftvollen Eichen, Überreste einstiger Schweine-Mastwälder, die der ganzen Gegend einen sehr markanten Charakter verleihen. Sein für Mecklenburg-Vorpommern unverwechselbares Gepräge erhält der Park aber auch durch fast 40 aus Stein gehauene und gesetzte Denkmale mit meist lateinischen Inschriften, die an historische Ereignisse ebenso wie an persönliches Erleben des weit gereisten Grafen erinnern und den Wanderer zum Nachdenken anregen.

»Harmonie von Natur und Kultur«, so könnte man das Wesen des Putbusser Parks auf Rügen knapp charakterisieren. Er ist das Konzentrat einer gelungenen Synthese von Natur und Landschaft, Architektur und Kunst, wirtschaftlichem Tätigsein und entspanntem Wohlleben. Auch diese Anlage geht auf die Vision, das ästhetische Empfinden und die Gestaltungskraft eines einzelnen Mannes zurück: Wilhelm Malte Fürst zu Putbus. Er schuf ab 1810 ein großartiges Ensemble, das weit und breit seinesgleichen nicht findet. Reiseeindrücke aus England, Frankreich und Italien gaben ihm Anregungen und der ererbte große Landbesitz eine wirtschaftliche Grundlage für die Verwirklichung seiner schöngeistigen Pläne, die er mithilfe hervorragender Architekten, Künstler und Handwerker im Laufe mehrerer Jahrzehnte umzusetzen wusste.

Der fast 80 Hektar große Park ist ein Kernstück von Putbus. Die natürliche Anmut der vorgefundenen, flachwelligen Moränenlandschaft nahe des Rügischen Boddens ist mit künstlerischem Feingefühl hervorgehoben und so in der ästhetischen Wirkung gesteigert. Durch geschickte Anordnung von Baumgruppen, Einzelbäumen und Alleen werden Räume geformt, wird Landschaft regelrecht inszeniert. Der Park als ein faszinierendes Theater unter freiem Himmel, mit sich beim Lustwandeln des Betrachters verschiebenden Gehölzkulissen und immer neuen und anderen Perspektiven. Wiesenhänge und die Wasserfläche des Schwanenteiches, Sichtachsen bis auf den Bodden, Baumgestalten von beeindruckender Schönheit und vornehm schlichte Bauwerke in klassizistischem Stil bilden ein Gesamtkunstwerk von seltener Harmonie und Spannung zugleich. Nur das Schloss, 1371 als »steinernes Haus« erstmals erwähnt und von 1827 bis 1830 durch den Berliner Architekten Johann Gottfried Steinmeyer zu einem Kleinod klassizistischer Baukunst geformt, fehlt seit einem halben Jahrhundert. Es wurde von 1955 bis 1964 abgerissen, gesprengt, dem Erdboden gleichgemacht.

Der Park und das Denkmal seines Schöpfers Wilhelm Malte haben die Zeit überdauert. Auch wenn manche der alten Bäume im Laufe der Jahre umgebrochen sind, so ist noch immer ein ansehnlicher Bestand von über 70 Gehölzarten vorhanden. Neben den ältesten Eichen der Insel Rügen, Rot-, Blut- und Trauerbuchen mit gewaltigen Kronen und prächtiger Laubfärbung, Linden von knorriger Gestalt, Eschen, Hainbuchen, Stechpalmen und anderen heimischen Laubbäumen sind verschiedene exotische Gehölze zu bewundern, so die Spanische Tanne, der Buchsbaum und die Edelkastanie aus Süd-Europa, die Kaukasische Flügelnuss und die Platane aus Vorderasien, Sumpfzypresse, Tulpenbaum, Riesenmammutbaum und Douglasie aus Nord-Amerika, Gingko, Urweltmammutbaum und Japanische Sicheltanne aus Ost-Asien.

Der gleiche konzeptionelle Ansatz wie im Putbusser Park, nämlich das Zusammenspiel von ästhetischer Schönheit und praktischem Nutzen, wurde in der ersten Hälfte des 19. Jahrhunderts von Peter Joseph Lenné zu höchster Blüte entwickelt: »Auch die glücklichste Landschaft […] kann durch die richtige Anwendung der Gartenkunst […] ästhetisch aufgeschmückt und ökonomisch verbessert werden.« Der seit 1815 in Potsdam tätige, 1824 zum königlichen Gartendirektor ernannte Lenné hat auch in Mecklenburg und Pommern Spuren seines außerordentlich kreativen Schaffens hinterlassen. So zeigen der Schwe-

Hainbuchen im Park am alten Pfarrhaus in Kasnevitz

riner Burggarten und die Anlagen von Neustrelitz und Ludwigslust, von Basedow, Remplin, Behrenhoff, Krumbeck, Wolfshagen und Varchentin noch die gestalterische Handschrift dieses genialen Mannes.

Mitte des 19. Jahrhunderts war es üblich, an Gutshäusern und selbst an Pfarrhäusern mehr oder weniger ausgedehnte Parks anzulegen. So hat Mecklenburg-Vorpommern bis in die Gegenwart einen ungewöhnlich reichen Bestand an derartigen Anlagen aufzuweisen.

Es gäbe noch manches darüber zu berichten, über Probleme bei der Pflege und Erhaltung dieses bedeutenden Kulturerbes, auch über die Entwicklung städtischer Grünanlagen. Zu DDR-Zeiten ist ein großer Teil der ländlichen Gutsparke gleich zahlreichen Gutshäusern verfallen, verwildert oder gar zerstört worden. Die Denkmalpflege war mit dem reichen Erbe überfordert. Heute sieht es oft kaum besser aus. Die Einheit von Wirtschaftsbetrieb und Landschaftsgestaltung ist in der Regel längst zerbrochen und damit die wirtschaftliche Grundlage für die Pflege dieses besonderen Kulturerbes. Peter Joseph Lennés Erkenntnis ist nach wie vor gültig und aktueller denn je: »Nichts gedeiht ohne Pflege; und die vortrefflichsten Dinge verlieren durch unzweckmäßige Behandlung ihren Wert.«

ALLEEN – RELIKTE DER VERGANGENHEIT?

Alleen gehören zu den unverwechselbaren »Markenzeichen« der Kulturlandschaft Mecklenburg-Vorpommern. »Dieses Land ist Natur, voller Schönheit und Abwechslung, von den Seen bis zur See, von Wald zu Feld, von Dorf zu Stadt. Überlall erlebt man Alleen, alt und jung, kraftvoll und lückig, Dome und Säulen«, schreibt Hans Joachim Fröhlich 1996 in »Zauber der Alleen« und führt Beispiele aus ganz Deutschland auf. Alleen sind wertvolles Kulturgut und Naturdenkmal zugleich, sie stiften Identität und vermitteln ein Gefühl von Harmonie und Geborgenheit. Der Schutz der Alleen ist sogar in der Landesverfassung Mecklenburg-Vorpommerns unter dem Staatsziel Umweltschutz formuliert. In Artikel 12 heißt es: »Land, Gemeinden und Kreise schützen und pflegen die Landschaft mit ihren Naturschönheiten, Wäldern, Fluren, Alleen […]«.

Das Wort »Allee« kommt aus dem Französischen, bedeutet soviel wie »Gang«, ist im Deutschen seit fast 300 Jahren eingebürgert und bezeichnet von Baumreihen eingefasste Wege und Straßen. »ALLEEN, seynd breite Lust-Gänge in und ausser denen Gärten, zu beyden Seiten mit Bäumen besetzt, sonderlich mit Linden«, heißt es dementsprechend im 1712 in Leipzig erschienenen »Curieuses Natur-, Kunst-, Gewerck- und Handlungs-LEXICON«.

In Zeiten, als Reisende zu Fuß, zu Pferd oder Pferdewagen durch die Lande zogen, hatten Alleen ganz praktischen Sinn. Bäume entlang von Wegen und Straßen bieten Schutz vor sengender Sommersonne, Wind und Regen, spenden kühlenden Schatten, binden Staub und geben Orientierung. Doch ursprünglich waren Alleen als wesentliche Gestaltungselemente der Gartenkunst auf Schlossgärten französischen Stils beschränkt. In der Barockzeit stellten sie geradezu eine Modeerscheinung dar. Der herrschenden Kunst- und Weltauffassung entsprechend wurden die Bäume in geradlinigen und rechtwinkligen Reihen zu Laubengängen gebogen, in das Korsett geometrischer Spaliere gezwängt und zu Kopfbäumen und Kunstformen verschnitten.

Erst im Verlauf des 18. Jahrhunderts legte man Alleen zu praktischen Zwecken auch außerhalb von Schlossgärten an. Friedrich II., König von Preußen, soll der Auffassung gewesen sein, dass eine Chaussee zwar nicht dem Plaisir diene, aber dennoch Bäume brauche, da die Soldaten bei langen Märschen sonst zu sehr ermüden würden.

Seit der zweiten Hälfte des 18. Jahrhunderts wurden Alleen in Parks englischen Stils und in die umgebenden Kulturlandschaften eingebunden. Die großzügigen und weitläufigen Anlagen von Ludwigslust, die eigenwillige Parkgestaltung des Grafen Schlitz in der Mecklenburger Schweiz (seit 1810) und die von Wilhelm Malte Fürst zu Putbus in der ersten Hälfte des 19. Jahrhunderts auf Rügen gestaltete Park- und Kulturlandschaft sind wesentlich durch Alleen strukturiert und in ihrem Gesamtbild durch diese geprägt. Peter Joseph Lenné bezog Alleen in zahlreiche Planungen ein. Sie fallen sowohl auf den kunstvollen Planzeichnungen als auch in den Landschaften, die vom künstlerischen Geist und praktischen Sinn dieses genialen Meisters der Gartenkunst geformt und »ästhetisch aufgeschmückt« wurden, bis heute ins Auge. Ob in den Anlagen von Potsdam und Berlin, in Neustrelitz, Ludwigslust und Schwerin oder von Basedow, Remplin, Boitzenburg – überall spielen Alleen eine herausragende Rolle, gereichen sie dem Gesamtkunstwerk zur Zierde, entsprechen der Erkenntnis ihres Schöpfers, »welch einen mächtigen Einfluß die Verschönerung der Natur auf den Menschen, auf sein Gemüt und auf die Ausbildung seines Geschmacks übt«.

Hermann Fürst von Pückler-Muskau schreibt in seinen 1834 erschienenen »Andeutungen über Landschaftsgärtnerei« »zuletzt auch noch ein Wort über Alleen«. Er empfiehlt sie zur Einfassung von Landstraßen und als Avenuen großer Paläste und gibt praktische Hinweise zur Pflanzung, zum Schließen von Lücken, warnt aber auch vor langweiligen, stereotypen Pappelpflanzungen: »Eine freie Allee [...] belebt die dürrsten Haiden und Kieferwälder und vereinigt sich ungezwungen mit ihnen, während die langen Reihen grenadiermäßig aufmarschierter lombardischer Pappeln, welche man anderweit durch die schwarzen Kiefern zieht, bei Jedem der vom Pittoresken nur die entfernteste Ahnung hat, eine wahre Verzweiflung hervorbringen. Ich wenigstens, wenn mich mein Unstern auf solche Straßen führt, vermag jener trostlosen Stimmung nur durch geschlossene Augen und gewaltsam herbeigerufenen Schlaf zu entgehen.«

Im Verlauf des 19. Jahrhunderts wurden die meisten Landstraßen im heutigen Mecklenburg-Vorpommern mit Bäumen eingefasst. Bäume waren Teil der Straße, sie dienten der Befestigung der Böschung, der Entwässerung des Unterbaus. Neben dem technischen Nutzen boten Alleen Behaglichkeit. Theodor Fontane beispielsweise sprach von »grünen Hainen des Reisens« und schrieb: »[...] durch das Ebenmaß der baumgesäumten Wege sehe ich das Land wie durch das Fenster und fühle mich darin geborgen.« Viele 1000 Kilometer Alleen waren ein prägendes Charaktermerkmal der vorindustriellen Kulturlandschaft in Nordost-Deutschland. Noch um die Wende zum 20. Jahrhundert wurden in Brandenburg Alleen in großem Stil neu angelegt.

Mecklenburg-Vorpommern ist nach Brandenburg das alleenreichste Bundesland in Deutschland. Nachdem bereits 1992/93 die Alleen und Baumreihen der Insel Rügen durch den Landkreis erfasst worden waren, wurde Mitte der neunziger Jahre diesbezüglich eine flächendeckende landesweite Erfassung und Bewertung vorgenommen – ein für Deutschland bisher einzigartiger Vorgang. Danach gab es 1996 in Mecklenburg-Vorpommern 4374 Kilometer Alleen und Baumreihen. Das entspricht einer Entfernung von Lissabon bis Moskau. Davon werden 2588,8 Kilometer Straßen und Wege beidseits von Bäumen gesäumt, 1012,6 Kilometer auf einer Seite. 772,6 Kilometer Alleen wurden seit 1990 neu gepflanzt. Der Anteil der besonders schutzwürdigen Alleen und Baumreihen beträgt mit 980 Kilometern circa 27 Prozent des Gesamtbestandes.

Die größte Dichte von Alleen findet sich in West-Mecklenburg, in den Kreisen Nordwest-Mecklenburg, Ludwigslust und Parchim. Die häufigsten Baumarten sind Linde (27,8 Prozent des Gesamtbestandes), Ahorn (23,4 Prozent), Obstbäume (Äpfel, Birnen, Pflaumen, Kirschen, Vogelbeeren; 11,8 Prozent), Rosskastanie (11,2 Prozent), Eiche (8,5 Prozent) und Esche (5,8 Prozent). Die übrigen 11,5 Prozent teilen sich Buche, Hainbuche, Ulme, Platane, Lärche, Weide sowie Birke und Pappel.

Die wohl prächtigste Allee des Landes führt von Bad Doberan nach Heiligendamm. Mächtige Linden säumen beidseitig die um 1837 ausgebaute Chaussee zu dem 1793 angelegten großherzoglichen Seebad. Die hoch aufstrebenden Äste formen gleichsam eine Gewölbe aus Blättern und Geäst, vermitteln den Eindruck von Erhabenheit und gebieten Ehrfurcht. Eindrucksvolle Lindenalleen zieren zudem die Schlossparks von Bothmer, Kittendorf, Ludwigslust, Putbus und viele Landstraßen. Eine Schlucht bilden beispielsweise die bis zu 30 Meter aufragenden, etwa 120 Jahre alten Winter-Linden der Losentitzer Allee auf Zudar (Rügen).

Die mit rund 80 Jahren noch junge Allee aus Krimlinden verwandelt die alte Mönchguter Landstraße zwischen Garz und Kasnevitz auf Rügen in einen grünen Tunnel. Ganz anders eine Lindenallee besonderer Art bei Schloß Bothmer im Klützer Winkel. Vor über 200 Jahren gepflanzt, wurden die Bäume dem nachwirkenden barocken Zeitgeist entsprechend kunstvoll gestutzt, geteilt und geschnitten. Aus kurzem Stamm biegen sich kandelaberartig Äste denen der benachbarten Linde zu, wirken mit ihrem gespenstisch bizarren Geäst, als wären sie mit der Krone nach unten eingepflanzt worden.

Mit ihren bis zu 400 Jahre alten Eichen dürfte die Schildfelder Allee bei Hagenow die älteste Allee sein. Die Alleen von Karow und Mustitz bei Zirkow wiederum stellen die ältesten Buchenalleen auf Rügen dar, sie wurden um 1820 auf Veranlassung des Fürsten zu Putbus gepflanzt. An der Karower sind infolge des wiederholten Straßenausbaus und starker Verkehrsbelastung heute nur noch wenige verstümmelte und beschädigte Altbuchen übrig geblieben. Der 2,5 Kilometer lange Kopfsteinpflasterweg von Zirkow zur Wüstung Mustitz hingegen wird noch von prachtvollen Exemplaren mit kräftigen Stämmen und gewaltigen, tief ansitzenden, dichtastigen und weit ausladenden Kronen gesäumt. Die Allee wurde bereits 1937 als Naturdenkmal unter Schutz gestellt.

Stattliche alte Eichen und Linden säumen die Straße von Rügeband nach Torgelow im Müritzkreis. Die Rosskastanien an der Pflasterstraße von Lancken-Granitz zum Jagdschloss Granitz bieten insbesondere zur Blütezeit im Mai und zur Herbstfärbung ein reizvolles Bild. Die Straßen in der Lewitz wiederum sind von über 200-jährigen Eichen und Kastanien eingefasst. Unter den zahlreichen Alleen aus Eichen, Linden und Kastanien in und um Schwerin nimmt sich die um 1870 gepflanzte Lärchenallee an der Landstraße nach Gadebusch etwas exotisch aus. Alte Hainbuchen stehen beidseitig der Straßen von Putbus Richtung Bergen, Vilmnitz, Kasnevitz und Neuendorf. Die Badehaus-Allee von Putbus zum Badehaus Goor wurde um 1820 mit Eichen und Rosskastanien bepflanzt.

Früher wurde manche Straße auch von Ulmen gesäumt. Diese Zierde insbesondere vorpommerscher Alleen ist aber in den siebziger und achtziger Jahren des vergangenen Jahrhunderts dem Ulmensterben weitgehend zum Opfer gefallen, so die einst acht Kilometer lange Ulmenallee von Wittower Fähre nach Wiek auf Wittow mit ihren damals 1426 Bäumen. Heute sind allerdings in der weiteren Umgebung von Grimmen noch mehrere Straßen mit Ulmen bestanden.

Die alte Landstraße von Greifswald nach Stralsund wird streckenweise von alten Linden, Rosskastanien und Bergahornen gesäumt, auch zwischen Teterow und Reuterstadt Stavenhagen, zwischen Neubrandenburg und Neustrelitz und an vielen anderen Strecken begleiten stattliche Bäume den Weg.

Die am 3. Mai 1993 in Putbus feierlich eröffnete Deutsche Alleenstraße führt quer durch Deutschland von Rügen bis zum Bodensee. In Mecklenburg verläuft sie von Sellin über Putbus und Garz nach Stralsund, weiter über Grimmen, Demmin, Malchin und Malchow nach Röbel und schließlich über Vipperow, Mirow sowie Wesenberg in Richtung Rheinsberg nach Brandenburg.

Die Alleen sind in ihrer Vielfalt, erhabenen Pracht und schlichten Schönheit Sinnbild einer gelungenen Synthese von Natur und Kunst, von Ästhetik und praktischem Nutzen, sind Ausdruck von Kultur und Teil unseres kulturellen Erbes, das uns Menschen Heimat bedeuten und ein Gefühl von Geborgenheit und Harmonie vermitteln kann.

Mit der Behaglichkeit des Reisens durch Alleen ging es im Zeitalter des steil ansteigenden motorisierten Verkehrs und des damit einhergehenden Straßenausbaus rasch zu Ende. Alleen wurden nicht mehr als schön und nützlich empfunden, sondern als Hemmnis des Fortschritts und als Gefährdung der Verkehrssicherheit angesehen.

Nach dem Zweiten Weltkrieg begann der dramatische Niedergang. Unfallstatistiken und erhöhte Sicherheitsforderungen schürten eine teil-

Lindenallee in Schlieffenberg

weise emotional sehr aufgeladene Stimmung wider die Alleen, der ein großer Teil derartiger Anlagen im Westen Deutschlands zum Opfer fiel. Der Ausbau von fast 50 000 Kilometern Straße auf Normbreite (zwischen 1949 und 1990) forcierte die Abholzung.

Im Osten hingegen ließen geringerer Straßenverkehr und begrenzte finanzielle Mittel für Straßenbau und Baumpflege das lebendige Erbe alter Alleen prachtvoll gedeihen. Bis heute kann man dies am auffallenden Unterschied im Landschaftsbild der alten und der neuen Bundesländer ablesen.

Doch an der Angleichung wird seit Jahren intensiv gearbeitet. »Infolge der Vereinigung der beiden Teile Deutschlands, der sprunghaft ansteigenden Motorisierung und vor allem des Lkw-Verkehrs erweisen sich viele Straßen in den östlichen Ländern als zu schmal, zu kurvig, zu unübersichtlich und zu unsicher für Fußgänger, Rad- und Autofahrer«, heißt es 1992 in einem »Merkblatt Alleen« des Bundesverkehrsministeriums. Aufgrund des nur begrenzten Straßenausbaus in der vergehenden DDR galten 1990 etwa 48 Prozent der Fern- und 60 Prozent der Bezirksstraßen nach den Normen des Bundesverkehrsministers als zu schmal.

Politik und Verwaltung, Bürgerinitiativen und Vereine haben sich den Schutz der Alleen mit großen Buchstaben auf ihre Fahnen, in Gesetzbücher und Satzungen geschrieben. Selbst der Allgemeine Deutsche Automobilclub (ADAC) entdeckte im Osten sein Herz für die Bäume und hob 1993 die »Deutsche Alleenstraße« von Rügen zum Bodensee werbewirksam aus der Taufe. Fremdenverkehrsvereine preisen in bunten Broschüren die malerische Schönheit alter Alleen. So mangelt es weder an gesetzlichen Regelungen noch an technischen Vorschriften und praktischen Anleitungen, erst recht nicht an wohlmeinenden Worten, guten Ratschlägen, großmütigen Absichtsbeteuerungen und medienwirksamen Aktionen.

Und dennoch erfolgt schleichender Mord an den Alleen. Jahr für Jahr kreischen Motorsägen wochenlang an Bundes-, Landes-, Kreis- und Gemeindestraßen, werden Bäume umgesägt, die Stubben ausgefräst, die Spuren verwischt. Jahr für Jahr schwindet der vielgepriesene Altbaumbestand an den Straßen von Mecklenburg-Vorpommern, werden die Alleen lichter, werden hehre Absichten und wohltönende Worte über die Bedeutung und den Schutz der Alleen zur Farce. Neben dem bereits thematisierten Straßenausbau gibt es eine Fülle baumschädigender Stressfaktoren – Abgase zum Beispiel, das Salz der Winterstreudienste –, die in der Summe Belastungen darstellen, denen selbst die standfesteste Eiche auf Dauer nicht gewachsen ist. Und auch die konventionelle Landwirtschaft trägt mit Bodenverdichtung, Gift und Gülle zur Schädigung bei.

Alleen, die wie zu ihrer Entstehungszeit auch gegenwärtig noch die Verbindung des Schönen mit dem Nützlichen verkörpern, sind heute trotz vielfältiger Bemühungen um ihren Erhalt ein massiv gefährdetes Relikt einer vergangenen Phase vorindustrieller Kulturlandschaft geworden. Ihr Fortbestand unter den Bedingungen entseelter, normgerechter Funktionallandschaft und des allgemeinen Anspruchs auf grenzenlose Mobilität sowie uneingeschränkten Verkehrs- und Warenfluß erscheint trotz gesetzlicher Regelungen zweifelhaft.

Doch noch ist bedeutende Substanz an Alleen im Lande vorhanden. Noch besteht die Chance, dass sie auch künftig unsere Straßen schmücken werden. Alleen gaben früher Orientierung, führten Reisende sicher zum Ziel. Wir sollten Alleen auch heute, am Beginn des 21. Jahrhunderts, als Wegweiser und Einladung begreifen – als Wegweiser zu verantwortungsvollerem Umgang mit Bäumen, mit Natur überhaupt, mit uns selbst, als Einladung zur Bedächtigkeit, zum Verweilen und zur Wiederentdeckung der Langsamkeit in einer Zeit hektischer Hochgeschwindigkeit.

NATURERBE WALD

Es stellt sich die Frage, wo wir noch Reste von »Urnatur« im Land finden? Urnatur von Mecklenburg-Vorpommern, das sind Küsten, Moore und Wälder. Doch wo finden wir Letztere, die als Zeugnisse von Urnatur, als besonderes und herausragendes Naturerbe anzusehen sind? Nach echten Urwäldern brauchen wir nicht zu suchen, sie gehören seit langem der Vergangenheit an. Doch es gibt prächtige Bestände, die uns ahnen lassen, wie heimische Urwälder aussehen würden – und dies, obwohl selbst die als Naturerbe bedeutendsten, in Schutzgebieten erfassten Wälder zum großen Teil weiterhin forstlichen Nutzungen unterliegen. Zudem finden sich noch Bestände, die unter Schutz gestellt werden sollten, bevor sie gefällt, zu Brettern zersägt oder zu Holzschnitzeln zerschrotet werden.

Als eine frühe Initiative, Wald als Naturerscheinung frei von Nützlichkeitserwägungen zu erhalten, ist ein Einspruch des Fürsten Wilhelm Malte zu Putbus anzusehen: Er wandte sich gegen die von napoleonischen Besatzern um 1810 beabsichtigte Abholzung des prächtigen Bestandes auf der Insel Vilm. So finden wir auf dieser kleinen Insel heute Wälder, in denen nur ein einziges Mal Holz geschlagen wurde, nachdem im Jahre 1527 ein großer Sturm die meisten Bäume umgeworfen hatte, wie der Chronist Alfred Haas berichtet. Die Insel lehrt uns, dass die Zeitdauer einer von menschlichen Eingriffen ungestörten Entwicklung etwas Unersetzbares ist. Ein einmal zerstörter Urwald kann nie wieder als Urwald hergestellt werden, allenfalls in langen Zeiträumen zu einem Naturwald regenerieren. Jeder Eingriff wirft diesen Prozess um Jahrzehnte oder gar Jahrhunderte zurück. Deshalb muss ein zivilisiertes Land es sich leisten können, Wälder in Schutzgebieten von jeglichem Nutzungsanspruch freizusprechen.

Anfang des 20. Jahrhunderts erwachte in Deutschland vereinzelt wissenschaftliches Interesse an »Urwäldern« und es wurde auch von Forstwissenschaftlern frühzeitig anerkannt, dass »die Forderung durchaus berechtigt [ist], daß Schutzgebiete geschaffen werden, in denen die Natur ungehindert walten kann – Urwälder, Heide- und Moorlandschaften«, so H. Hausrath bereits 1913. In den dreißiger Jahren löste man dann auf Vorschlag von Forstleuten wie Herbert Hesmer (1934) erste »Naturwaldzellen« aus der Nutzung, 1937 forderte der Geobotaniker Kurt Hueck »mehr Waldschutzgebiete«. Nach dem Zweiten Weltkrieg wurde die Idee von Hesmer durch Eberswalder Forstwissenschaftler aufgegriffen und mit Naturschützern des Instituts für Landschaftsforschung und Naturschutz zu einem System waldbestockter Naturschutzgebiete in der DDR entwickelt. In den sechziger Jahren begann man damit, innerhalb von ausgewählten Naturschutzgebieten »Totalreservatsflächen« festzulegen und diese sich frei von Nutzungen, mit Ausnahme von Forschung, entwickeln zu lassen. Dies erfolgte in einer Zeit, als die »Steigerung der sozialistischen Produktion« als unumstößliches Gesetz galt und die Planziele von Parteitagen vorgegeben wurden. Das über die verschiedenen Vegetationslandschaften Ost-Deutschlands verteilte Netz von Totalreservaten umfasste 1989 immerhin 143 Naturschutzgebiete unterschiedlicher Größe, mehr als die Hälfte waren kleiner als 20, nur 11 größer als 100 Hektar. Auf das heutige Mecklenburg-Vorpommern entfielen davon 31 Gebiete, so 255 Hektar im Naturschutzgebiet Heiligensee und Hüttelmoor bei Rostock, zudem das gesamte Ahrenshooper Holz mit dem berühmten Stechpalmen-Buchenwald, die Heiligen Hallen bei Feldberg mit dem ältesten Buchenwald Deutschlands, der Wald auf der Insel Vilm und Teile des Naturschutzgebietes Eldena bei Greifswald. Darunter waren aber auch Flächen auf dem Darß, auf Jasmund, im Müritzgebiet und bei Serrahn, die 1990 gewissermaßen zu Kristallisationskernen für die Einrichtung von Nationalparken werden sollten.

Nationalparke dienen weltweit dem Schutz natürlicher Ökosysteme und der Sicherung des ungestörten Ablaufs natürlicher Prozesse. In ihnen gilt der Grundsatz, auf dem überwiegenden Teil der Fläche »Natur Natur sein lassen«. Sie dienen zugleich dem Naturerleben sowie der Bildung und Erbauung von uns Menschen und stellen dadurch regional wie global auch einen bedeutenden Wirtschaftsfaktor dar.

Die Nationalparke Vorpommersche Boddenlandschaft und Jasmund sowie der Müritz-Nationalpark schließen bedeutende Waldbestände ein und dokumentieren damit einen wesentlichen Teil des Naturerbes

Geschützte Wälder in Mecklenburg-Vorpommern

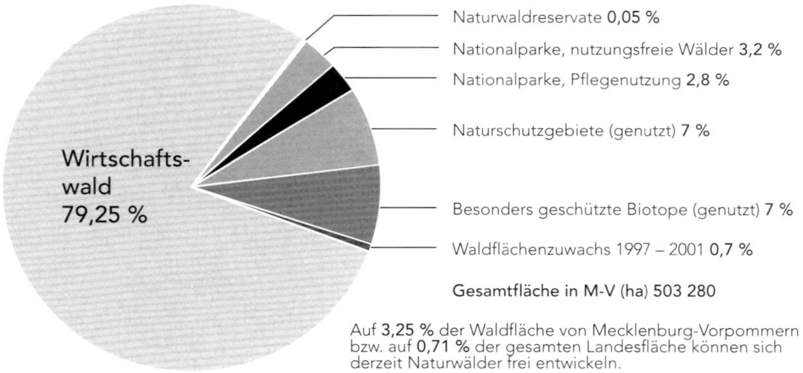

Wald in Mecklenburg-Vorpommern. Die als Kernzonen deklarierten Teile der drei Nationalparke, die als Naturschutzgebiete gesicherten Kernzonen der Biosphärenreservate Schaalsee und Südost-Rügen sowie die als Totalreservate festgelegten Bereiche in einigen anderen Naturschutzgebieten (das Naturwald-Programm der Landesforstverwaltung verfolgt das Ziel, cirka 2000 Hektar Landeswald in Naturreservaten dauerhaft zu schützen) stellen die einzigen Flächen dar, die aus dem Nutzungsanspruch des Menschen weitestgehend entlassen werden konnten. Sie sind damit prädestiniert, Beispiele des besonderen Naturerbes des Landes zu bewahren. Mecklenburg-Vorpommern nimmt in dieser Hinsicht in Deutschland eine führende Stellung ein.

Der Nationalpark Vorpommersche Boddenlandschaft beherbergt mit dem »Darßer Urwald« ein Waldgebiet, das zwar von einem Netz rechtwinklig angelegter »Gestelle«, wie diese Forstwege genannt werden, erschlossen ist und jahrhundertelang als Forst und zur Jagd genutzt wurde. Ein Wald also, der seit langem kein Urwald mehr ist, der aber dennoch einen Eindruck von urwüchsiger Natur zu vermitteln vermag wie nur wenige Wälder in Deutschland. Ein Wald, der vom zähen Ringen der Bäume mit den unmittelbar wirkenden Naturgewalten geprägt wird. Wellen, Wind und Sand formen hier eine Landschaft, in der fortwährende Veränderung herrscht.

An diesem bewegtesten Abschnitt der deutschen Ostseeküste kann man förmlich zuschauen, wie neues Land aus dem Meer aufwächst, wie Strandwall für Strandwall Sand von den Wellen angespült und vom Wind zu Dünen aufgeweht wird. Hier kann man beobachten, wie im Windschatten erste Kiefern keimen und zu windgebeugten Bäumchen mit verschlungenen Ästen als Krähenbeeren-Kiefernwald heranwachsen. 150 Dünenrücken, »Reffen« genannt, mit Kiefern- und Buchenwald werden unterbrochen von ebenso vielen als »Riegen« bezeichneten Dünentälern mit Erlenbruchwald. Während am Darßer Ort neues Land entsteht, Pionierwald aus gedrungenen Kiefern heranwächst und den Boden für die Generationen später folgende Buche bereitet, trägt das Meer am Darßer Weststrand Land ab, formt der fast ständig wehende Wind die Baumkronen zu markanten Windflüchtern, bricht das Meer stellenweise in den Wald ein und lässt von Sand und Salzwasser bleichgescheuerte Baumleichen wild durcheinandergeworfen am Strande zurück. Im Inneren des Darßwaldes, dort, wo der Sturm Lücken in das Kronendach gerissen und Kiefern umgeknickt hat, als wären sie Streichhölzer, wächst zwischen dem Totholz, in dem nun Käfer, Asseln und Pilze den natürlichen Kreislauf bestimmen, neuer Wald heran. Pionierwald aus Kiefer, Birke, Vogelbeere folgt zunächst noch dem Kiefernforst, doch bald stellen sich Eichen und schließlich Buchen ein. Im Laufe von Jahrzehnten differenziert sich der einstige Forst zu einem vielfältig strukturierten Naturwald.

Der Müritz-Nationalpark ist zu 72 Prozent mit Wald bedeckt. 13 Prozent werden von Seen, acht von Mooren eingenommen. Das über 32 000 Hektar umfassende Schutzgebiet bietet die großartige Chance, eine mecklenburgische Charakterlandschaft aus Wäldern, Seen und Mooren sich großflächig quasi natürlich regenerieren zu lassen. Frühere Eingriffe in den Wasserhaushalt, die teilweise zur Austrocknung geführt haben, werden rückgängig gemacht, sodass sich ein erstaunlich vielfältiges Leben entfalten kann. Die Nutzung der Wälder wird

Darß, Windflüchter am Weststrand

schrittweise zurückgefahren, die in der Sanderlandschaft weithin vorherrschenden Kiefernforsten wandeln sich zusehends durch aufwachsende Trauben-Eichen, Vogelbeeren, Ahorne und Buchen zu kiefernreichen Laubmischwäldern – wiederum Zwischenwälder in der langzeitigen Entwicklung zum Buchenwald.

Die wüstenähnlichen offenen Sandflächen ehemaliger Truppenübungsplätze sind inzwischen längst von einer dünnen Haut Vegetation überzogen und Pionierwälder aus Kiefer, Zitterpappel und Birke leiten den Heilungsprozess der der Natur einst zugefügten Wunden ein. Die Buchenwälder von Serrahn und Useriner Horst gehören zu den großartigsten alten Buchen-Naturwäldern in Deutschland und die Erlen-Bruchwälder sowie Birkenbrüche an Seeufern und in Niederungen des Nationalparks stehen ihnen im Hinblick auf die Naturnähe kaum nach.

Der Nationalpark Jasmund bietet bereits vom Meer her einen grandiosen Anblick. Reisende, die mit dem Schiff über die Ostsee nach Deutschland kommen, werden von den hell leuchtenden Kreideklippen und der waldbekränzten Bergsilhouette der weit vorspringenden Halbinsel begrüßt. Wie ein grünes Kleid überzieht der Wald die Höhenzüge und Täler des wie ein Block bis zu 161 Meter aufragenden Landes. Die Buche ist dabei die alles beherrschende Baumart. Aufgrund des feucht-kühlen Seeklimas ist sie so konkurrenzstark, dass sie kaum einem anderen Baum eine Chance lässt, sie herrscht ganz allein in den vom Forstmann lange Zeit wenig beeinflussten Wäldern der Stubnitz. Nur in feuchten Gründen gesellen sich Esche und Bergahorn dazu, in den zahlreichen Quellkesseln und Quelltälern herrscht die Erle. Seit der Wald nicht mehr bewirtschaftet wird, kann man zuschauen, wie er sich mehr und mehr zum Naturwald entwickelt.

Das lichtdurchflutete Grün des im Mai frisch austreibenden Buchenlaubes gehört ebenso wie das gelb und rot entflammende Herbstlaub zum eindrucksvollsten Farbenspiel nicht nur norddeutscher Landschaft. Schattige Kühle und dunkel gedämpftes Grün dominieren im Sommer, grausilberne und grünbemooste Stämme, bizarres Geäst und schwebende Nebelschwaden im Herbst und Winter. Stark bewegtes Relief, rascher Wechsel von Hügelkämmen und teils schluchtartigen Tälern, Kesselmoore, Quellmulden und Wildbäche prägen das Gesamtbild einer der großartigsten und eigentümlichsten Waldlandschaften in Deutschland. In dem 1877 in Leipzig erschienenen Buch »Deutsche Bäume und Wälder« erwähnt der Autor Hermann Jäger in »Populär-ästhetischen Darstellungen aus der Natur« auch die Wälder auf Rügen, insonderheit die Buchenwälder von Jasmund: »Die Abwechslung von tiefen Schatten im Innern und in den zahlreichen, von kleinen Bächen bewässerten engen Schluchten, mit lichten sonnigen Höhen über den steilen Uferwänden, wo der Wald zum Haine geworden, würde selbst ohne das Meer den Naturfreund befriedigen; aber sie bietet das Höchste durch den bald ganz, bald halb entzogenen oder vollen Anblick des blauen Meeres in der Tiefe.«

Die grandiose Urnatur der Kreideküste und Waldlandschaft von Jasmund hat seit über 200 Jahren immer wieder Künstler zur Schaffung bedeutender Werke inspiriert. Gotthart Ludwig Kosegarten schilderte Ende des 18. Jahrhunderts in überschwänglichen Worten die ungestüme Wildheit dieser rügenschen Region, Caspar David Friedrich entdeckte die Kreideküste mit den Augen des Malers und schuf um 1818 das symbolschwere Gemälde »Kreidefelsen auf Rügen« als Meisterwerk romantischer Landschaftsmalerei, Johannes Brahms vollendete hier 1876 unter dem Eindruck des grandiosen Naturerlebnisses seine erste Sinfonie c-Moll. So vereint der Nationalpark Jasmund zugleich Natur- und Kulturerbe von europäischem Rang.

WÄLDER VON MORGEN

Wir haben manches über Herkunft und Geschichte der Wälder in Mecklenburg-Vorpommern erfahren, ihren Wandel im Wandel des Klimas, ihren Wandel vom Urwald zur Kulturlandschaft. Wir haben Bäume als alte, ehrwürdige Naturdenkmale betrachtet, über das Schicksal der Alleen nachgedacht und sie wie auch die Parkanlagen als unersetzbaren Teil des Kulturerbes gewertet.

In den nächsten Jahrzehnten wird manche der hier beschriebenen markanten Baumgestalten aus der Landschaft verschwunden sein, werden sich die Wälder verändern. Doch Bäume, Wälder und Alleen dürften auch in Zukunft ein »Markenzeichen« für Mecklenburg-Vorpommern bleiben. Das Potential ist so groß, dass immer wieder herausragende Einzelbäume heranreifen werden, die man als Denkmale verehren und erhalten wird, bis sie von Natur aus in Würde sterben.

Wälder werden auch in Zukunft die natürliche Vegetationsdecke des Landes bilden, selbst wenn sich die Zusammensetzung infolge des Klimawandels ändern sollte, was zu erwarten ist. Sie werden weiterhin Funktionen im Naturhaushalt wahrnehmen, die nichts und niemand ersetzen kann. Und wir Menschen sind auch in Zukunft auf Bäume und Wald angewiesen, umso mehr, je weiter wir uns mit der Hightech-Zivilisation von der Natur entfremden. Es erscheint paradox, aber je mehr die natürliche Vegetationsdecke der Erde, die assimilierende und kühlende Haut der Biosphäre durch die industrielle Gesellschaft zerstört wird, umso wichtiger wird die Rolle der Wälder für den globalen Naturhaushalt.

Dabei geht es um weit mehr als um Holz oder die seit langem bekannten und geschätzten »Wohlfahrtswirkungen« des Waldes. Auch der Modebegriff »Multifunktionalität« des Waldes kann, so korrekt er wissenschaftlich sein mag, der umfassenden Bedeutung dieser Naturräume für Klima, Wasserhaushalt, biologische Vielfalt und für uns Menschen als einzelnes Wort nicht gerecht werden. Wälder sind neben Mooren und Meeren die bedeutendsten Kohlenstoff-Senken, in denen das aus der Verbrennung fossiler Energieträger freigesetzte Kohlendioixid durch Photosynthese in Biomasse gebunden und teilweise dem Kreislauf entzogen wird.

Vor diesem Hintergrund globaler Zusammenhänge sind für die Wälder in Mecklenburg-Vorpommern drei miteinander verbundene, optimistisch stimmende Entwicklungen zu erwarten: Zum einen wird die Waldfläche zunehmen, zum zweiten ein gewisser Prozentsatz der Wälder sich in Nationalparken und Naturschutzgebieten zu »Urwäldern von morgen« entwickeln und zum dritten werden die Bestände außerhalb dieser Schutzgebiete nach den Grundsätzen naturgemäßer Waldwirtschaft zu nutzen sein.

Neue, für eine Wiederbewaldung zur Verfügung stehende Flächen hat zudem die europäische Agrarpolitik zur Folge, durch die einst landwirtschaftlich bewirtschaftete Felder brachfallen. Auf Brachen in Niederungen ist schon jetzt die Ausbreitung von Weidengebüschen und Erlenwäldern zu beobachten. Bei der Neubegründung von Waldbeständen auf brachliegenden Landwirtschaftsflächen sollten allerdings Fehler, wie sie in der Vergangenheit bei der Aufforstung gemacht worden sind, unbedingt vermieden werden. Um zu gesunden und funktionsfähigen Wäldern zu gelangen, dürfen biologische Entwicklungen, die so genannten Sukzessionen – etwa Pionier- und Zwischenwälder –, nicht ignoriert werden. Dabei müsste der mancherorts noch immer schwelende unselige Streit zwischen Förstern und Naturschützern darüber, wie viel Natur es sein darf, wie alt Bäume im Wald werden dürfen, wie viel pflegende Hand des Försters vonnöten ist, wie viel Totholz verbleiben soll, schon sehr bald beizulegen sein.

In den Wirtschaftswäldern, die auch künftig den weit überwiegenden Anteil der Waldfläche einnehmen, wird weiterhin gewirtschaftet, werden Bäume gefällt werden. Forstleute müssen auch in Zukunft die »multifunktionalen Anforderungen«, die von der Gesellschaft an Wälder gestellt werden, berücksichtigen. Holz wird ein natürlicher und heimischer Rohstoff bleiben, wie auch die Wohlfahrtswirkung des Waldes mit einer weiteren Urbanisierung der Bevölkerung an Bedeutung gewinnen dürfte. Diese wachsenden Herausforderungen werden nicht mit den überkommenen Praktiken des 19. Jahrhunderts zu bewältigen sein, eine »Waldwende« ist längst überfällig. Die Grundsätze »naturgemäßer Waldwirtschaft« müssen zur verbindlichen Orientierung für eine im umfassenden Sinne »nachhaltige« Nutzung der Wälder führen. »Dauerwald« und Plenterwirtschaft, bei der man nur einzelne Bäume fällt, haben Altersklassenwald und Kahlschlagwirtschaft, die ohnehin in ein forstgeschichtliches Museum gehören, abzulösen. Historische Nutzungsformen und entsprechende Waldstrukturen wie Nieder-, Mittel-, Hude- und auch besagter Altersklassenwald sollten in einigen speziell dafür ausgewählten Naturschutzgebieten gepflegt werden. Eine moderne Bewirtschaftung hingegen hat sich an der potentiell natürlichen Vegetation zu orientieren, es ist mit statt gegen die Natur zu arbeiten.

Um das natürliche Verjüngungspotential nutzen zu können, ist es zwingend notwendig, das Wild auf ein für die Vegetation verträgliches Maß zu verringern. Dies stellt manche der bis heute geübten Jagdpraktiken infrage und die Wildbewirtschaftung vor große Herausforderungen. Um diese meistern zu können, müssen Forstleute, Jäger und Naturschützer alte Feindbilder abbauen und enger zusammenarbeiten.

Neben dem Dauerwald als wirtschaftliche Kulturform wird es gerade in Mecklenburg-Vorpommern weiterhin den Naturwald geben. In den Nationalparken und grundsätzlich auch in den Naturschutzgebieten haben allein die Natur und ihre Gesetze das Sagen. Es sei nochmals betont: Nur wenn wir Menschen den Anspruch, jeden Quadratmeter Fläche nutzen zu müssen, in Schutzgebieten dieser beiden Kategorien zurücknehmen, stattdessen »Naturwald« als Entwicklungsziel akzeptieren und auf wenigen Prozent der Fläche unseres Landes das Prinzip, »die Natur Natur sein zu lassen«, konsequent zulassen, werden wir und nachfolgende Generationen zumindest ansatzweise verstehen können, was Wald wirklich ist und was er für uns Menschen bedeutet. Auch der »Urwald von morgen« wird an den Ursprung menschlicher Zivilisation erinnern; wird zum Maßstab dafür, wie weit wir uns inzwischen von der Natur entfernt haben, wird zur Mahnung, uns dieser nicht gänzlich zu entfremden.

Um als Menschen in einer weitgehend urbanisierten, technisierten und globalisierten Welt bestehen, ja überleben zu können, brauchen wir »Wildnis« und »Urwald« als Spiegel und als seelischen Zufluchtsort. Nicht irgendwo, irgendwelche ferne oder fiktive Wildnis. Wir brauchen in unserem Lande Inseln realer und erlebbarer »Waldwildnis« als einem Wesenskern mitteleuropäischer Urnatur. Bis zum 20. Jahrhundert galten Wildnis und Kultur als Gegensatz, wurde Kultur daran gemessen, wie weit sie Wildnis bezwang und »kultivierte«. Künftig wird Kultur daran zu messen sein, wie weit Wildnis ein Existenzrecht zugestanden wird. Wildnis in Mecklenburg-Vorpommern heißt Küstendynamik, heißt Moorwachstum und heißt vor allem Waldentwicklung So wird der Umgang mit dem Wald zum Gradmesser der Kultur einer Gesellschaft.

»Unsere verstädterte Gesellschaft hat an Fähigkeit eingebüßt, Wert und Bedeutung von Bäumen einzuschätzen – die Fähigkeit, in ihnen das Wunderbare zu sehen, das Zauberhafte und Geheimnisvolle, den unbeschreiblichen Frieden und die Zufriedenheit, die einem das Herz füllen kann, wenn man einen Naturwald durchschreitet«, bemerkt Volkmar Herre in »Der Baum und ich«. Es gilt, diese Fähigkeit wiederzugewinnen.

LITERATUR (Auswahl)

Adamiak, Josef: Schlösser und Gärten in Mecklenburg, Leipzig 1975

AFZ: Wald und Forstwirtschaft in Mecklenburg-Vorpommern. Allgemeine Fortzeitschrift 26, S. 1369–1420, München 1992

Arndt, Carl: Flora von Feldberg. Archiv des Vereins der Freunde

der Naturgeschichte in Mecklenburg 35, S. 54–87, Rostock 1882
Arnswaldt, Georg von: Mecklenburg, das Land der starken Eichen und Buchen, Schwerin o.J. (1939)

Beyer, Theodor: Die Naturdenkmäler in der Pflanzenwelt Rügens, Bergen auf Rügen o.J. (1928)

Bochnig, Erhard: Das Waldschutzgebiet Eldena bei Greifswald (Universitätsforst Greifswald). Archiv der Freunde der Naturgeschichte in Mecklenburg 5, S. 75–138, Rostock 1959

Bode, Wilhelm; Hohnhorst, M. von: Waldwende, Vom Försterwald zum Naturwald, 3. Aufl. München 1995

Bode, Wilhelm (Hrsg.): Naturnahe Waldwirtschaft, Prozessschutz oder biologische Nachhaltigkeit?, Holm 1997

Der Bundesminister für Verkehr: Merkblatt Alleen, Ausgabe 1992, Verkehrsblatt MA-StB 92, Bonn 1992

Dost, Hellmuth: Rügen, Die Grüne Insel und ihre Naturschutzgebiete, Lutherstadt Wittenberg 1960

Freude, Matthias; Jeschke, Lebrecht; Knapp, Hans Dieter; Succow, Michael: Unbekanntes Deutschland, München 1992

Fröhlich, Hans Joachim: Alte liebenswerte Bäume in Deutschland, Buchholz, 2. erweiterte Auflage 2000

Fröhlich, Hans Joachim: Zauber der Alleen, Frankfurt am Main 1996

Günther, Harri: Peter Joseph Lenné, Gärten/Parke/Landschaften, Berlin 1985

Hausrath, H.: Die Waldwirtschaft. In: Lange, W. u.a., Die Pflanzen und der Mensch, Stuttgart 1913

Herre, Volkmar: Der Baum und ich, Edition Herre 1996

Herre, Volkmar: Venus, Bäume der Insel Vilm, Edition Herre 1997

Jäger, Hermann: Deutsche Bäume und Wälder. Populärästhetische Darstellungen aus der Natur und Naturgeschichte und Geographie der Baumwelt, Leipzig 1877

Jeschke, Lebrecht; Schmidt, Harry: Auswahl und Pflege von Naturdenkmalen. Naturschutzarbeit in Mecklenburg 23/2, S. 63–74, Greifswald 1980

Jeschke, Lebrecht; Schmidt, Harry: Zur Geschichte des Ivenacker Tiergartens und seiner Altbaumbestände, Naturschutzarbeit in Mecklenburg 20/1–2, S. 16–23, Greifswald 1977

Jeschke, Lebrecht: Die Vegetation der Stubnitz, Natur und Naturschutz in Mecklenburg 2, Greifswald 1964

Jeschke, Lebrecht: Zu einigen Fragen der Behandlung der Wälder in Naturschutzgebieten in den Nordbezirken der DDR. Naturschutzarbeit in Mecklenburg 31/2, S.5–17, Greifswald 1988

Jeschke, Lebrecht; Klafs, Gerhard; Schmidt, Harry; Starke, W.: Die Naturschutzgebiete der Bezirke Rostock, Schwerin und Neubrandenburg, Leipzig, Jena, Berlin, 2. Aufl. 1980

Karge, Wolf; Metzger, Hubert (Hrsg.): Mecklenburg, 1000 Jahre und mehr, Rostock 1994

Karge, Wolf; Rakow, Peter-Joachim; Wendt, Ralf: Ein Jahrtausend Mecklenburg und Vorpommern, Biographie einer norddeutschen Region in Einzeldarstellungen, Rostock 1995

Knapp, Hans Dieter; Jeschke, Lebrecht: Naturwaldreservate und Naturwaldforschung in den ostdeutschen Bundesländern, Schriftenreihe für Vegetationskunde 21, S. 21–54, Bonn-Bad Godesberg 1991

Knapp, Hans Dieter; Voigtländer, Ulrich; Grundmann, Luise: Das Müritzgebiet. Werte der deutschen Heimat Band 60, Weimar 1999

Lange, Elsbeth; Jeschke, Lebrecht; Knapp, Hans Dieter: Die Landschaftsgeschichte der Insel Rügen seit dem Spätglazial, Schriften zur Ur- und Frühgeschichte 38, Berlin 1986

Lemke, Karl; Müller, Hartmut: Naturdenkmale, Bäume, Felsen, Wasserfälle, Tourist-Führer, Leipzig 1988

Metzger, Hubert; Schattinger, Bernd: Gärten und Parks in Mecklenburg-Vorpommern, Würzburg 1993

Ministerium für Ernährung, Landwirtschaft, Forsten und Fischerei des Landes Mecklenburg-Vorpommern: Naturwaldreservate in Mecklenburg-Vorpommern. Das Naturwald-Programm der Landesforstverwaltung, Schwerin 2001

Ministerium für Ernährung, Landwirtschaft, Forsten und Fischerei des Landes Mecklenburg-Vorpommern: Waldgesetz für das Land Mecklenburg-Vorpommern (Landeswaldgesetz – LwaldG) vom 8. Februar 1993 (GVOBl. M-V S.90) in der Fassung vom 23. Februar 1999 (GVOBl. M-V S.200), Schwerin 1999

Ministerium für Ernährung, Landwirtschaft, Forsten und Fischerei des Landes Mecklenburg-Vorpommer: 3. Forstbericht, Bericht über den Zustand der Wälder und die Lage der Forstwirtschaft, Schwerin 2002

Ministerium für Landwirtschaft und Naturschutz des Landes Mecklenburg-Vorpommern: Alleen in Mecklenburg-Vorpommern, Faltblatt, Schwerin o.J.

Möller, Alfred: Der Dauerwaldgedanke. Reprint der Ausgabe von 1922, Herausgegeben und bearbeitet von Wilhelm Bode, Oberteuringen 1992

Möller, Ingrid u.a.: Mecklenburg-Vorpommern, Rostock 1999
Pückler-Muskau, Hermann Fürst von: Andeutungen über Landschaftsgärtnerei, Neuausgabe Stuttgart 1977

Pulkenat, Stefan: Parklandschaft Basedow, Berlin 1997

Scamoni, Alexis: Vegetationskundliche und standortskundliche Untersuchungen in mecklenburgischen Waldschutzgebieten, Natur und Naturschutz in Mecklenburg 3, S. 15–142, Stralsund und Greifswald 1965

Schauer, W.: Die tausendjährigen Eichen von Ivenack, Naturschutzarbeit in Mecklenburg 7/1–2, S. 35–40, Greifswald 1964
Schmidt, Harry: Zur Auswahl und Pflege der Naturdenkmäler in Mecklenburg, Naturschutzarbeit in Mecklenburg 4/1, S. 2–7, Greifswald 1961

Schwerin, F. von: Jahresversammlung Rostock mit Studienfahrt vom 8. bis 16. Juni 1927, Mitteilungen der Dendrologischen Gesellschaft, S. 415–459, Wendisch-Willmersdorf bei Thyrow 1927

Succow, Michael; Jeschke, Lebrecht; Knapp, Hans Dieter: Die Krise als Chance – Naturschutz in neuer Dimension, Neuenhagen 2001

Umweltministerium Mecklenburg-Vorpommern (Hrsg.): Die Naturschutzgebiete in Mecklenburg-Vorpommern , Schwerin 2003
Voß, Eberhard: 1000 Jahre Jagd- und Forstgeschichte Mecklenburgs, Rostock 1993

Welk, Ehm (Hrsg.) : Der deutsche Wald, Sein Leben und seine Schönheit, Ein Führer durch die Wälder unserer Heimat, Berlin 1935

Wollert, Heinrich: Schutz den Resten mittelalterlicher Schweinemastwälder (Eichenkoppeln), Naturschutzarbeit in Mecklenburg 26/2, S. 61–65, Greifswald 1983

Wälder

»Gespensterwald« bei Nienhagen

Urwald auf der Insel Vilm

Erlenbruchwald auf dem Darß, Nationalpark Vorpommersche Boddenlandschaft

Erlenbruchwald im »Großen Moor« bei Graal-Müritz

Birkenmoorwald bei Graal-Müritz

Laubmischwald, Naturschutzgebiet Eldena bei Greifswald

Buchenwald an der Kreideküste, Nationalpark Jasmund, Insel Rügen

Blick vom Königsstuhl, Nationalpark Jasmund

Eschen-Buchenwald, Naturschutzgebiet Eldena bei Greifswald

Buchenwald, Naturschutzgebiet Eldena

»Märchenwald« Schwarbe auf Wittow, Insel Rügen

»Märchenwald« Schwarbe

»Gespensterwald« bei Heiligendamm

Buchenwald bei Heiligendamm

Stechpalmen-Buchenwald, Naturschutzgebiet Ahrenshooper Holz

Kiefernwald im Naturschutzgebiet Schmale Heide, Insel Rügen

Umgestürzte Eiche bei Ivenack

Ivenacker Eichen

Eichentrockenwald am Zickerschen Höft, Naturschutzgebiet Mönchgut, Insel Rügen

Hainbuchen bei Tessin

72

Birkenwald am Parumer See bei Güstrow

Buchen am Schmalen Luzin, Naturpark Feldberger Seenlandschaft

Buchenwald am Schmalen Luzin

Buchenwald bei Vietgest

Silberweide und Buchenwald am Breiten Luzin

Waldsukzession am Hauptmannsberg, Naturpark Feldberger Seenlandschaft

Gramstorfer Buchen bei Tessin

Gramstorfer Buchen

Orchideen-Buchenwald an der Kreideküste, Nationalpark Jasmund, Insel Rügen

Hochuferwald am Jasmunder Bodden, Insel Rügen

Buchenwald bei Heiligendamm

Buchenwald im Landschaftsschutzgebiet Kühlung

Buchenwald am Darßer Weststrand, Nationalpark Vorpommersche Boddenlandschaft

Darßer Weststrand

Eiche im Naturschutzgebiet Insel Vilm, Biosphärenreservat Südost-Rügen

Eichen im Naturschutzgebiet Insel Vilm

Ivenack, ehemaliger Hudewald

Ehemaliger Hudewald im Naturschutzgebiet Recknitz bei Tessin

Bäume

Alte Eiche am Röthelberg, Naturpark Mecklenburgische Schweiz und Kummerower See

Linde bei Speck, Müritz-Nationalpark

Weiden am Dorfteich bei Klein Mulsow, Landkreis Bad Doberan

Weiden bei Müritzhof, Müritz-Nationalpark

Wildapfelbaum bei Stubbendorf

Wildbirnbaum bei Carpin

Vogelkirschbaum, Rostocker Schweiz

Gehölze in Kulturlandschaft, Warnowtal bei Bützow

Weißdorn auf dem Dornbusch, Insel Hiddensee, Nationalpark Vorpommersche Boddenlandschaft

Weißdorn, Dornbusch

Esche im Pfarrgarten von Kasnevitz, Biosphärenreservat Südost-Rügen

Die älteste Eiche Deutschlands, Ivenack

Eiche am Flachen See bei Klocksin, Naturpark Nossentiner-Schwinzer Heide

Eiche bei Rothenmoor, Naturpark Mecklenburgische Schweiz und Kummerower See

Eiche bei Suckow, Naturpark Insel Usedom

Eibe in Jabel bei Waren

Spitzahorn am Schloss Bothmer

Spitzahorn am Schloss Bothmer

Bergulme am Flachen See bei Klocksin, Naturpark Nossentiner-Schwinzer Heide

Schwarzerlen bei Vollrathsruhe

Eiche bei Kölzow

115

Rotbuche bei Dobbin, die stärkste Buche in Mecklenburg-Vorpommern

Eichen bei Burg Schlitz, Naturpark Mecklenburgische Schweiz und Kummerower See

Eiche bei Kölzow

Buche an der Mustizer Buchenallee bei Zirkow, Insel Rügen

Rotbuche bei Dobbin

Alleen und Parkanlagen

Linden im Schlosspark von Putbus, Insel Rügen

Lindenallee zwischen Bad Doberan und Heiligendamm

Linden im Schlosspark Basthorst bei Schwerin

Lindenallee, Schlosspark Kaarz

Kastanienallee bei Lancken-Granitz, Biosphärenreservat Südost-Rügen

Kastanienallee bei Groß Stieten

Eichen im Schlosspark Putbus, Biosphärenreservat Südost-Rügen

Linden und Bärlauch im Putbusser Schlosspark

Lindenallee in Detershagen

Lindenallee am Schloss Bothmer

Schlosspark Basedow, Naturpark Mecklenburgische Schweiz und Kummerower See

Basedow, Schlosspark

Landschaftspark Krumbeck, Naturpark Feldberger Seenlandschaft

Landschaftspark Krumbeck

Mustitzer Buchenallee bei Zirkow, Insel Rügen

Mustitzer Buchenallee

Lärchenallee in Moisall bei Bützow

Birkenallee am Barlachweg in Güstrow

Sumpfzypresse im Schlosspark Wietzow bei Jarmen

Umgestürzte Hainbuche, Schlosspark Wietzow

Eichen im Park zu Putbus

Eichenallee im Putbusser Park

Eichenallee bei Schildfeld nahe Hagenow